中部大学
ブックシリーズ
アクタ

非核地帯
核世界に対峙するリアリズム

Takahiro Fukushima

福島 崇宏 著

風媒社

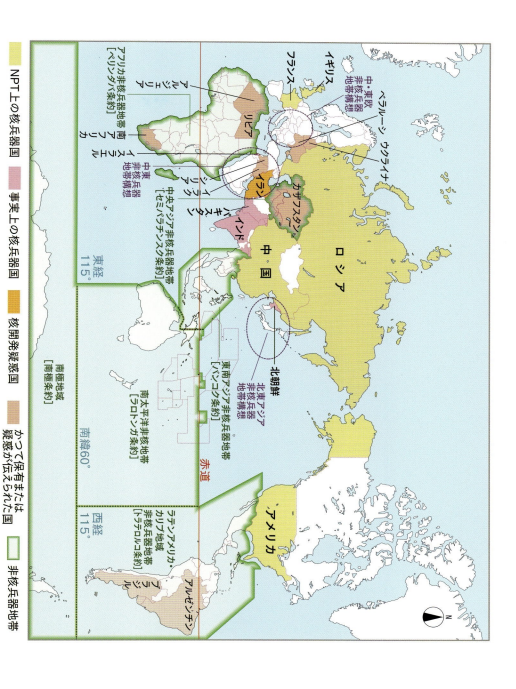

はじめに

　核兵器に関する問題は、ともすれば私たちの日常生活からはかなりかけ離れた問題なのかもしれない。実際に核兵器、正確に言えば核弾頭を見たことがある人はほぼ皆無であろう。しかしながら日本で暮らしている私たちにとって、核兵器の問題は必ずしも人ごとではない。なぜならば北朝鮮（朝鮮民主主義人民共和国）がミサイルの発射実験を行った、水爆実験に成功した、あるいは中国の核兵器の近代化が進んでいる、など日本周辺では核兵器に関するニュースが絶えないからである。

　本書の読者の中には、核兵器なんてなくならない、あるいは核兵器があるからこそ日本で暮らす私たちは平和に暮らせるのだ、と思っている人も少なからずいると思う。では、そのような核兵器の存在を認めるという前提で考えた場合、本当に「核からの自由」を手に入れることができないのだろうか。本書は、核兵器によって自らの身を守りたいけれども実際の核戦争に巻き込まれたくないという、ある意味いいとこ取りをしたいと考えている読者にとって一筋の光を与えてくれるかもしれない。それがまさに非核（兵器）地帯（以下、本書では非核地帯と記す）なのである。

　非核地帯という構想が最初に生まれたのが、冷戦期に米国とソ連との核軍拡競争で核戦争が起きた場合に両国のミサイルが上空を飛び交う可能性の高い、中東欧の国々であった。今の日本の置かれている位置関係を考えると、米国と北朝鮮、あるいは中国との間で核戦争が起きると日本上空を核ミサイルが通過する可能性が高い。そのような現状からすると、非核地帯に関する理解を深めることが、今後の核問題を考える上でも読者の皆さんにとって重要な示唆を与えてくれるだろう。

目次

　　はじめに　3
　　略語一覧　6

プロローグ ―核兵器の脅威を目前にして　8

第1章　非核地帯とは何か　11
核兵器の登場　11
　広島・長崎への原爆投下と世界情勢の変化　11
　個人が核兵器を所有する?　12
非核地帯は核なき世界への第一歩?　13
非核地帯の構成要素　16
　(a) 核兵器の完全な不存在　18
　(b) 検証制度(NPT・IAEAとの関連で)　18
　(c) 消極的安全保証　20
　(d) 地域別構成要素　24

　コラム　**NPTとは?**　29

第2章　非核地帯の誕生―トラテロルコ条約誕生秘話―　38
　キューバ危機とラテンアメリカ諸国　38
　メキシコ凄腕外交官の登場　40
　米国の介入　42
　初の非核地帯の誕生―誕生の意義　46

　コラム　**国連と軍縮**　51

第3章　非核地帯は本当に役に立つのか
　　　　　―非核地帯の真の役割とは―　57

　核兵器の非人道性　57
　ブラジルが核開発に固執した理由　60
　ブラジルによる電力政策の転換　61
　対人地雷禁止レジームの形成　63
　非核地帯とNPT-IAEA体制　66

　コラム　**IAEAの役割／核兵器禁止条約**　68

第4章　非核地帯の拡大と深化　76

　冷戦期の非核地帯　77
　ポスト冷戦期の非核地帯　79
　　（a）東南アジア非核兵器地帯条約（バンコク条約）　80
　　（b）アフリカ非核兵器地帯条約（ペリンダバ条約）　80
　　（c）中央アジア非核兵器地帯条約（セミパラチンスク条約）　81
　構想段階の非核地帯　81
　非核地帯の残された課題　85

　コラム　**非核地帯の運用体系**　89

エピローグ　93

　あとがき　99
　年　表　100
　参考文献・資料　102

略語一覧

ABACC	Brazilian-Argentine Agency for Accounting and Control of Nuclear Materials	ブラジル・アルゼンチン核物質計量管理機構
ASEAN	Association of Southeast Asian Nations	東南アジア諸国連合
CANWFZ	Central Asian Nuclear-Weapon-Free Zone	中央アジア非核兵器地帯条約（セミパラチンスク条約）
CD	Conference on Disarmament	ジュネーヴ軍縮会議
COPREDAL	Comisión Preparatoria para la Desnuclearización de la América Latina	ラテンアメリカ非核化準備委員会
CTBT	Comprehensive Test Ban Treaty	包括的核実験禁止条約
EU	European Union	欧州連合
EURATOM	European Atomic Energy Community	欧州原子力共同体
FMCT	Fissile Material Cut-off Treaty	核兵器用核分裂性物質生産禁止条約（カットオフ条約）
IAEA	International Atomic Energy Agency	国際原子力機関
ICBL	International Campaign to Ban Landmines	地雷禁止国際キャンペーン
ICJ	International Court of Justice	国際司法裁判所
INF	Intermediate-Range Nuclear Forces	中距離核戦力
NATO	North Atlantic Treaty Organization	北大西洋条約機構
NGO	Non-Governmental Organization	非政府組織
NPT	Treaty on the Non-Proliferation of Nuclear Weapons	核不拡散条約
NSA	Negative Security Assurance	消極的安全保証
NWFZ	Nuclear-Weapon-Free Zone	非核（兵器）地帯　＊本書では非核地帯と記す。
OAU	Organization of African Unity	アフリカ統一機構〔現在は、AU: African Union アフリカ連合〕
OPANAL	The Agency for the Prohibition of Nuclear Weapons in Latin America and the Caribbean	ラテンアメリカ核兵器禁止機構
OAS	Organization of American States	米州機構
PNE	Peaceful Nuclear Explosion	平和目的核爆発
PSI	Proliferation Security Initiative	拡散に対する安全保障構想
PTBT	Partial Test Ban Treaty	部分的核実験禁止条約
REUPRAL	Reunión Preliminar sobre la Desnuclearización de la América Latina	ラテンアメリカ非核化に関する準備会議
SEANWFZ	Southeast Asian Nuclear-Weapon-Free Zone	東南アジア非核兵器地帯条約（バンコク条約）
SIPRI	Stockholm International Peace Research Institute	ストックホルム国際平和研究所
SPF	South Pacific Forum	南太平洋フォーラム〔現在は、PIF: Pacific Islands Forum 太平洋諸島フォーラム〕
START	Strategic Arms Reduction Treaty	戦略兵器削減条約
UN	United Nations	国際連合
UNIDIR	United Nations Institute for Disarmament Research	国連軍縮研究所
WMD	Weapons of Mass Destruction	大量破壊兵器
ZOPFAN	Zone of Peace, Freedom and Neutrality	東南アジア平和・自由・中立地帯

条約義務（禁止又は防止）と権利、5条約・議定書、モンゴル国内立法の条項比較

	トラテロルコ条約	ラロトンガ条約	バンコク条約	ペリンダバ条約	セミパラチンスク条約	モンゴル非核兵器地位
核兵器などの不存在	1条1項、1条2項	3条、5条1項	3条1項a, b、3条2項a,b	3条、4条1項	3条1項	4条
核爆発装置の研究禁止	―	―	―	3条	3条1項A, b, c	―
核爆発装置の解体・転用	―	―	―	6条	―	―
核爆発実験禁止・防止	1条1項、1条2項	6条、議定書Ⅲ	3条1項c、3条2項c	5条、議定書Ⅱ	5条	4条1項の3
平和目的利用	17条	4条	4条	8条	7条	5条1項
平和目的核爆発	可 18条	禁止 3, 5, 6条〔＊一切の核爆発装置の禁止（3条）〕	禁止 3条	禁止 4, 5, 6条	禁止 5条	―
放射性廃棄物投棄禁止	―	7条	3条3項	7条	3条2項	5条2項
核施設への攻撃禁止	―	―	―	11条	―	―
核物質の物理的保護	―	―	―	10条	9条	―
核事故通報条約加入	―	―	6条	―	―	―
地帯外国による条約尊重	議定書Ⅰ	議定書Ⅰ	―	議定書Ⅲ	議定書2条	―
核兵器国による核不使用〔消極的安全保証〕	議定書Ⅱ	議定書Ⅱ	議定書	議定書Ⅰ	議定書1条	―
環境安全保証	―	―	―	6条	―	―
2国間及び多国間条約に対する権利義務関係	―	―	―	―	12条	―
通過通航	―	5条2項	7条	4条2項	―	―
国連海洋法条約	―	2条2項	2条2項	2条2項	―	―
域外国との関係	22条[1]	―	―	―	12条	2条2項[2]
検証制度	16条	付属書4	付属書（事実調査団の手続）	付属書Ⅳ	8条	6条、7条

[出所] 杉江栄一『核兵器廃絶への道』かもがわ出版、2002年、114頁を基に著者作成。

1 この条約のいかなる規定も、国連憲章に基づく締約国の権利及び義務、又は米州機構の加盟国については、現行の地域的な条約に基づく加盟国の権利及び義務を害するものと解してはならない。
2 モンゴルが締約国である一つの国際条約が本法律と異なる規定を含んでいる場合は、国際条約の規定が優先する。

プロローグ──核兵器の脅威を目前にして

　人類が核兵器の本当の恐ろしさを初めて知ったのは、1945年8月の広島、長崎に投下された原爆投下による凄まじい被害であった。当時、普段通りに生活していた人々は、一瞬にして廃墟同然の街中で焼け出されるとともに、原子爆弾が炸裂したときに生じた大量の放射線を浴びた。その時の痛々しい写真や遺品、そして被爆者の生々しい証言が原爆の恐ろしさを私たちの脳裏に焼き付けている。

　その悪夢から72年余りが経過した今日、原爆の凄まじい破壊力と強い放射線による苦しみを巧みに利用して一流国の仲間入りを果たそうと、総力を挙げて邁進している国がある。北朝鮮である。北朝鮮の相次ぐ核開発計画の実施に伴い、日本もその対応を迫られている。北朝鮮の核実験による放射能が日本にも降りかかるのではないか。あるいは核兵器を搭載したミサイルが日本に飛んでくるのではないか。現時点で、北朝鮮

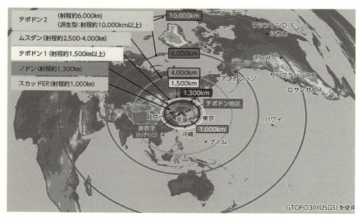

図0　北朝鮮の弾道ミサイルの射程　［出所］平成28年版防衛白書電子版
〈http://www.mod.go.jp/j/publication/wp/wp2016/html/n1221000.html〉

の開発しているミサイルは、日本を通り越して北米大陸のアラスカをも照準に収めているとされる（図0）。

エマニュエル・トッド（Emmanuel Todd）が「グローバル化の終焉」と題する演説を繰り広げ、国際関係の今後を見据える議論として話題をさらっている。世界はグローバル化に向けて突き進んできた。あらゆるヒト・モノ・カネが世界を瞬時に駆け巡り、世界は1つの強大な帝国になるのではないかとすら言われたことがある。しかしながら、イギリスのEU離脱、さらにはドナルド・トランプ（Donald J. Trump）氏のアメリカ大統領への就任にもグローバル時代の終焉が如実に表れている。それは、グローバル化が進展するほど世界では富裕層と貧困層との格差が広がり、自国を擁護するために社会的弱者を排除しなければ自らの生存も危ぶまれるとの認識が世界を駆け巡っているからだとトッドは指摘する[1]。要するにグローバル化によって豊かな生活を追い求めた人々の希望が苦しみへと転換しているのである。

そのような流れは核兵器を巡っても鮮明になっている。核保有国は核兵器の抑止力依存症となり、核兵器を手放すと自国は破滅するとの呪縛から抜け出すことができない。それを見た非核兵器国は、核兵器依存症にかかっている国（核兵器国）を根治すべく、核兵器禁止に向けた強硬手段に出ようとしている。これを人間に例えると、タバコの依存性や害は分かっているのだが、その快楽を身体が覚えてしまったが故にやめられないヘビースモーカーから、むりやりタバコを取り上げるのと同じ状況である。喫煙者のタバコを吸う権利を認めつつ、嫌煙者がタバコの害を防ぐために設けられたのが、タバコの分煙化である。これは嫌煙者がタバコの煙を吸わないようにするために、タバコを吸う場所を限定することで喫煙者と嫌煙者の双方が対立することなくお互いの権利を守ることを目的に設定されたものである。

タバコの分煙化と同様のやり方で核兵器を持つ国と持たない（被害を受けたくない）国が共存する方法として編み出されたのが、非核地帯という制度である。非核地帯に設定された範囲内では、たとえ核兵器国であったとしても核兵器を使ってはいけない。もちろん、範囲内にある国は核兵器を持たないことを誓約することが非核地帯を設ける前提条件である。その誓約を本当に守っているのかどうかを公的にチェックする体制も出来上がっている。核兵器国の依存体制を解消することが極めて困難な今日において、非核地帯の拡大こそが核からの自由を得る当面の現実的な対応策と言えるのではないだろうか。

現在、非核地帯は南半球のほぼ全域と、北半球の一部にも少しずつ拡大している。このような取り組みがどのような経緯で進められたのか、そしてどれくらい効果があるのかを多くの人が知ることが、現実的な核兵器問題解決の第一歩になると思う。そこで本書では、核兵器が世界に広がっていった歴史を確認するとともに、核からの自由を求めた国が集まって作った非核地帯がどのような経緯で生まれてきたのかを見ていきたい。その後、本書の中心テーマである非核地帯が、どのような特徴を持っているのかを整理するとともに、北朝鮮など新たな核兵器国が出現する中で非核地帯が果たす今日的役割についてともに考えたい。

1　例えば、エマニュエル・トッド『グローバリズム以後 アメリカ帝国の失墜と日本の運命』朝日新聞出版、2016年は、グローバル化の結果、移民や国外労働者の先進国への流入が進み、国内の中間所得層が仕事を奪われるなどして疲弊した現状を痛烈に批判している。その結果、国内労働環境が悪化の一途をたどっていることからグローバル化は終焉し、国家が決定的な重みを持つ時代へと戻るのではないかと指摘している。

第1章　核兵器の拡散と非核地帯

　核兵器に関する国際問題は、国際条約の締結を中心とした制度的側面と、核兵器がどのようなしくみで爆発するのか、核ミサイルがどのようなしくみで飛翔(ひしょう)するのかといった技術的側面[1]の両面から理解を深めることが必要である。本章では主に制度的側面に焦点を当てながら、核兵器の拡散を巡る諸問題がどこにあるのか、そしてそのような問題を引き起こすのにどのような国や組織が関与しているのかについて、見ていきたい。後半では本書の中心的存在である非核地帯の構成要素について確認する。

核兵器の登場

広島・長崎への原爆投下と世界情勢の変化

　2016年現在、世界には16,000発余りの核兵器が存在し、地球の全人類が何度も死滅するだけの威力を有しているとされる[2]。1945年8月に米国により日本の広島・長崎に原子爆弾が投下された。広島、長崎に投下された2発の原子爆弾はそれぞれ性能が異なる。広島に投下された原子爆弾は原子力発電所の燃料に使われているウラン235であり、長崎に投下された原子爆弾は、原子力発電所の燃料であるウラン235を燃焼させた際に発生するプルトニウムを使用している。よって、これら一連の原爆投下は2種類の異なる爆弾を使用していることから、米国による実践的な核実験であったと見ることもできる。

米国は1950年代にさしかかり、水素を使用して核爆発の威力を高めた新型兵器の実験を南太平洋のビキニ環礁で行った。米国は英仏両国に自らの原爆製造技術を供与し、当時敵対していたソ連は中国に対して原爆製造技術を供与した。

　国連では核兵器関連技術の平和利用が盛んに議論された。これは、核兵器を保有する国家を増やさないようにするための、いわばアメとムチであった。原子力発電による夢のエネルギーを手に入れることができる（アメ）という見返りに、核兵器という絶大な力をもつ兵器の保有は認めない（ムチ）という政策なのである。いわば核兵器をすでに持っている国が圧倒的に有利な状況を保持するために、原子力発電が利用されたのである。このような差別的ともいえる図式が今日まで続いているのである。

　核実験に反対する運動は、先に述べた1950年代のビキニ環礁での水爆実験がきっかけである。核開発技術を生み出した世界中の科学者たちも、同年代に核兵器の危険性を訴えるとともに、科学者の社会的責任を協議するための場としてパグウォッシュ会議（科学と国際問題に関する会議）を立ち上げ、核廃絶に向けた運動を繰り広げることとなる。しかしながら、絶大な力をもち、夢のエネルギーと賞賛された核関連技術そのものは独り歩きを続け、その暴走は止まるところを知らない。

個人が核兵器を所有する？

　1970年代にはインドとパキスタンの間にあるカシミール地方の領有権を巡る争いが激しくなった。その折にインド・パキスタン両国が保有することを目指したのも核兵器であった。同時期に米国の同盟国である中東のイスラエルが核兵器を保有したとされる。中東では、ユダヤ教国であるイスラエルと、それを取り巻くイスラーム（イスラム教）を信ずるアラブ諸国との間で戦火を交えた対立関係が続いてきた。イスラエルにとっ

て核兵器を保有することは、周囲の敵対するアラブ諸国から自国を守るための唯一絶対の手段とされる。さらにイスラエルにとっての長年の政敵であるイランが核保有に向けて動きを加速させた。

　冷戦終結後には、周囲の国から孤立した北朝鮮が核兵器開発に突き進むことになる。そして今日では、アルカイダ（Al-Qaeda）などのテロ組織が核兵器を保有するのではないかとも目されている。核兵器の近代化と小型化が現実味を増すとともに、核兵器の扱いが容易になってきたことがその背景にあるとされる。

　核兵器のさらなる増加を抑えるために核不拡散条約（NPT）が締結され、1967年1月1日時点で核実験に成功していた米・英・仏・露・中の5カ国のみ、核兵器を保有することを認められ、その他の国は核兵器の保有が禁止された。NPTの締約国数は191カ国にのぼる（2015年2月現在）。国連の加盟国は193カ国であることから、NPTは全世界のほぼすべての国家が加盟していることになる。しかしながら核兵器を保有する国は後を絶たず、事実上の核兵器国（インド・パキスタン・イスラエル・北朝鮮）や核開発疑惑国（イラン[3]）、さらにはかつて保有または疑惑が伝えられた国（アルジェリア、南アフリカ、リビア、ベラルーシ、ウクライナ、カザフスタン、ブラジル、アルゼンチン）など、核兵器を保有する国の数が少しずつ増えているのが現状である。

非核地帯は核なき世界への第一歩？

　1980年代後半になると、第二次世界大戦直後から半世紀も続いた、核兵器による米ソ両陣営の恐怖の均衡に象徴される冷戦が終焉に至った。これに伴い、人類を何度も滅亡させるだけの威力を持つ核兵器の数も削減、さらには廃絶へと向かい、最終的には核からの自由を獲得すること

ができる可能性が高まるものと世界は期待した。実際に米国・ロシアを中心に核兵器の制限及び廃絶に向けた交渉が進展し、このような動きを契機として世界的な核不拡散、さらには核軍縮[4]の促進に向けた協議が活発になった。2009年4月5日、米国のオバマ大統領 (Barack H. Obama) はチェコ共和国のプラハにて核廃絶に向けた決意を述べた。これは米国の歴代大統領で初めての核廃絶宣言として世界から注目され、同年のオバマ大統領のノーベル平和賞受賞がその関心の高さと期待を示している[5]。

　しかしながら、冷戦終結から30年余りが経過した今日、核兵器削減、さらには廃絶への道程が再び険しくなっている[6]。それは、技術革新による核兵器の小型化や軽量化に伴い、化学兵器や生物兵器と同等に使える兵器としての核兵器が再認識され、その価値が高まる傾向を見せているからである。使える兵器としての核兵器は、国家のみならず冷戦期には想定外であったテロリストに代表される非国家主体へも拡散する傾向にある。このような核兵器を保有する主体の増加に伴い、世界のいつどこで核兵器による攻撃を受けるか分からないことから、核兵器の攻撃による甚大な被害に対する不安感が増すことで、冷戦期以上に緊張状態が高まっているという指摘さえもある[7]。また、先にも挙げた北朝鮮やイランの核開発や、1990年代末のインド、パキスタン両国による核実験にも見られるように、核兵器の保有を目指す国家群の動きが顕著となっている。これら国家群には、核兵器は依然として抑止力として自らの主張を実現するための機能を十分に果たす手段である、という共通認識がある。核兵器削減、さらには廃絶に向けての明確な方策が打ち出せない閉塞状況にある現在において、このような国際環境の変化を考慮に入れると、甚大な被害を与える核兵器の削減、終局的には核軍縮、不拡散措置について再考する意義があると考える。その中でも本書では、核兵器による攻撃を受けない代わりに地域内の核兵器の不存在及び検証制度を制

度化することで、地域的軍縮措置として機能を果たしてきた制度[8]である非核地帯を検討対象とする。

　冷戦期から今日に至るまでの非核地帯の創設に際する最大の焦点として、核兵器国（核保有国）と非核兵器国（非核保有国）との間の利害対立の解消がある。冷戦期において非核兵器国は非核地帯に対しこぞって「核からの自由」を求めた。具体的には米ソを中心とした軍拡競争に巻き込まれないようにするために非核地帯を創設し、自国あるいは自国の属する地域の安全を確保しようとした。もう一方の当事者である核兵器国の非核地帯に対する姿勢は、自国の安全保障に直接関わらない規定となるように修正を求めた上で、非核地帯諸条約の付属議定書に署名及び批准を行うというのが基本となっており、「核からの自由」という理念に対しては一定の制限を設けている。このような双方の利害が一致することで、非核地帯の実効性が担保される。非核地帯は現在では南半球のほぼ全域を包含するに至っており、昨今ではモンゴル及び中央アジアにも非核地帯が拡大している[9]。

　非核地帯はこれまで、米ソ両陣営の核戦略に直接的な影響を及ぼさない地域に創設されていたことから、核抑止力論に代表される、力による平和及び安全保障を軸に考える現実主義者にとっては検討するに値しない制度であった[10]。しかしながら着実に非核地帯が拡大し、モンゴル、中央アジアにもその範囲が広がっていることから、冷戦終結後の今日においても非核地帯は核兵器から身を守る現実的な方法だと世界は認識し始めている。

表1　2016年1月時点での各国別核弾頭保有数

国名	核実験開始年（年）	戦略核弾頭（発）	非戦略核弾頭（発）	総弾頭数（発）
アメリカ	1945	1,930	5,070	7,000
ロシア	1949	1,790	5,500	7,290
イギリス	1952	120	95	215
フランス	1960	280	20	300
中　国	1964	—	260	260
インド	1974	—	100-120	100-120
パキスタン	1998	—	110-130	110-130
イスラエル	･･･	—	80	80
北朝鮮	2006	—	10	10
合　計		4,120	11,275	15,395

［出所］*SIPRI yearbook* 2016
― *Armaments, Disarmament and International Security* / SIPRI, Stockholm International Peace Research Institute, Oxford University Press, 2016.
<https://www.sipri.org/media/press-release/2016/global-nuclear-weapons-downsizing-modernizing>
(Table 1. World nuclear forces, 2016)

非核地帯の構成要素

　非核地帯に関する定義として用いられる代表的な文書としては、1974年の国連総会決議3472B（ⅩⅩⅩ）[11]がある。同決議はトラテロルコ条約（ラテンアメリカ）の締結に当たり採択された文書である。同決議では非核地帯の定義として次の3点を挙げており、これらが非核地帯の構成をつかさどる重要な要素となっている。まず一点目として、非核地帯内における「核兵器の完全な不存在」（total absence of nuclear weapons）が明確であることが必要である。二点目は、IAEAや非核地帯諸条約で定められた機構を中心とした国際的な「検証・管理制度」の設定及び実施が挙

げられる。最後に核兵器国による「消極的安全保証」の付与が必要である。

　国連総会決議以外で非核地帯に関する重要な交渉文書として、1978年に開催された第1回国連軍縮特別総会最終文書の第60項から第63項がある。同文書ではまず軍縮措置としての非核地帯の定義がなされ、次いで非核地帯の奨励、非核地帯に対する核兵器国の約束、非核地帯の具体的諸措置と項目が続く。また、同様の文言は第2回、第3回国連軍縮特別総会最終文書にも盛り込まれている[12]。なお、一連の文書に盛り込まれている内容については1974年の国連総会決議3472B（XXX）と基本的に同趣旨である。

　上記決議で示されている非核地帯の3つの構成要素（核兵器の完全な不存在、検証制度、消極的安全保証）は実効性を確保するために必要不可欠な条件であり、1つでも欠けるとその実効性が大きく低下する。なぜならば、非核地帯内の核兵器の不存在が確保されなければ、核兵器を保有するという権利の放棄を行った国家が脆弱な状況下に置かれる。また、検証措置が完備されていなければ、核兵器の存否に関わる透明性を確保することができない。さらに核兵器国から付与される消極的安全保証が確保されなければ、非核地帯内の安全が確保されず、脆弱な状況下に置かれることとなる。よって、非核地帯の条約本文には上記3つの構成要素が盛り込まれていることが絶対条件となっている。

　非核地帯という概念の登場は、1950年代、米ソ間に冷戦構造が構築された時期にさかのぼる。1958年には当時、ポーランド外相であったアダム・ラパツキー（Adam Rapacki）が、中東欧に非核地帯を設けるとする案を国連総会演説において提示した。この演説が非核地帯という概念が初めて公で表明されたものであった。その後、1960年代初頭にかけて核兵器国が増加し、核兵器の保有を望む国々は数多くの核実験を行った。一連の核実験は大気圏内における実験であったことから、一般市民への健

康被害が拡大するに至った。健康被害の代表的な事例としては、先に挙げたアメリカによるビキニ環礁での核実験がある。世界各地で核実験が相次いで実施されたことから、これに反対する市民による核廃絶運動が、核実験が実施された周辺の住民及び国際平和団体を中心に展開された。

　これに後押しされる形で、1963年には核実験を部分的に制限することを軸とした部分的核実験禁止条約（PTBT）が締結された。その後1970年には核兵器の不拡散を定めた核不拡散条約（NPT）が国連加盟国の圧倒的多数の承認により発効するに至った。しかしながらPTBTやNPTといった一連の軍縮条約は、これまでに核兵器を保有している国々（核兵器国）に対しては核兵器を保有することのできる権利を国際的に容認する一方で、それ以外の国々（非核兵器国）に対しては核兵器の保有・製造を禁止するものとなっている。特にNPTは、核兵器国、非核兵器国それぞれの権利と義務を明確に区分していることから差別的な条約となっており、非核兵器諸国からは批判が相次いだ。PTBTやNPTといった世界的な軍縮条約がこのような批判を受けたため、それを補完する地域的軍縮条約としてNPTとほぼ同時期に締結されたのがトラテロルコ条約（ラテンアメリカ）である。以下では非核地帯条約の構成要素の具体的な特徴についてみていくことにする。

(a) 核兵器の完全な不存在
　非核地帯内には核兵器が完全にない状況が保たれていることが必要である。地帯内の1カ国でも核兵器を保有すると、保有国から安全を脅かされる国家が核兵器を持つことにつながり、核兵器使用の危険性が高まることで非核地帯としての体をなさなくなる。

第 1 章　非核地帯とは何か

(b) 検証制度（NPT・IAEAとの関連で）

　非核地帯諸条約に関しては、NPT第3条に定められている保障措置規定に従って核物質の透明かつ適正な管理を遵守する検証制度を維持している。タリク・ラウフ（Tariq Rauf）はNPTと非核地帯それぞれに設定された検証制度の相互作用について、次の4点を指摘している。第一に、NPT第7条では非核地帯を創設する権利を認めており、非核地帯の創設がNPT体制の強化につながるのだと評価している。第二に、とりわけ核保有の可能性が高い中東と中央アジア地域を大量破壊兵器のない地域にするために、非核地帯という制度が有効であることを、1995年に開催されたNPTの無期限延長を決議した重要な会議として位置づけられている再検討会議で確認したことが意義深いと指摘している。第三に、1995年のNPT再検討会議以降、東南アジアとアフリカにおける非核地帯の創設に際しては、それぞれの地域で条約が締結されるとともに、モンゴルは単独で非核兵器地位を宣言したことを評価している。第四に、ペリンダバ条約（アフリカ）の批准が進んでいないがために、1994年以降の国連総会での南半球全体を非核地帯化する構想が未だに成功を収めてはいないことを指摘している[13]。ただし、ペリンダバ条約については2009年に発効しているため、今後の非核地帯の連携強化が期待されるところである。

　NPTにおける非核地帯の役割はNPTを補完するものであり、非核地帯諸条約においても、検証制度としてNPT下で実施されるIAEAによる保障措置に従うことが定められている[14]。NPT、非核地帯条約いずれの検証制度でも問題となるのは、平和目的核爆発と軍事転用目的によるものの区別をいかにして行うのかという点である。核爆発の区分については科学技術の発展とも密接に関わっており、現在の検証技術をもってすると、核爆発を一律に区分することは事実上困難であるとされる。平和目的核爆発の典型的なものとしては原子力発電所への利用がある。現在は高濃

縮のプルトニウムが発生しにくい軽水炉型の原子炉が圧倒的に多い[15]のだが、たとえ原子炉で核融合による発電を行っているにせよ、ウランによる核分裂反応によって生み出された物質、すなわちプルトニウムを発生させないことが現在の科学技術では不可能であるとされる。そのような観点からすると、IAEAによる定期査察には軍事利用かどうかを判断し取り締まるという点においては自ら限界が生じるのではあるが、これを克服するためには、核兵器がまったく存在しないという確証を得るための実効性のある検証制度が今後とも望まれる[16]。非核地帯諸条約の一締約国によって検証制度を形骸化するような活動が秘密裏に行われるようになると、非核地帯そのものが意味をなさなくなる。よって、非核地帯諸条約における検証制度は、条約の規定により創設された独自の機構による査察と、国際機関であるIAEAによる査察の二重の確認作業を行うことが望ましい[17]。

(c) 消極的安全保証

非核地帯が存在意義を保つためには、核兵器国から付与される消極的安全保証制度の維持が重要である[18]。よって以下では核兵器国間の利害関係、事実上の核兵器国の取り扱いという2つの観点から消極的安全保証の現状と課題を探ることとする。

ⅰ）核兵器国間の利害関係

冷戦期においては、核兵器国の中でも米国と旧ソ連（現ロシア）が二大核兵器国としてその戦力を競い、増強をはかってきた[19]。そして冷戦期には米ソ2カ国のいずれかの陣営に英国、フランスおよび中国といった残りの核兵器国が従属しているという構図となっており、ソ連が消滅した現在もこの構図は維持されている。

その後、ポスト冷戦期と呼ばれる1980年代後半には、旧ソ連（現ロシア）は財政的な事情もあり、核戦力を縮小せざるを得なくなった[20]。使用しなくなった原子力潜水艦の処理を自国ではできず、米国や日本に委ねている。その一方で米国は、現時点では核弾頭数については縮小の方向に向かっているものの、運搬能力、核弾頭の小型化などといった技術発展により、一大核兵器国としての地位を不動のものにしようとしている。

　しかしながら、このような米国の絶対的優位[21]をロシアや中国などの大国が黙認しているわけでもない。表面的には米ソ間の対立構造が解消したとされるが、核兵器の保有弾頭数を比較する限りでは[22]、現在も両国の対立図式から世界は抜け出せずにいる。実に世界の核兵器の93％を両国が保有しているのである。さらにウクライナ問題など両国の懸案が絶えず、米国はロシアによる核攻撃の可能性も否定できない状況であることから、兵力の保持を継続している[23]。加えて中国の海洋進出に向けた動きにも対応を迫られている。

　核兵器国は、自国の安全を確保するという点では非核兵器国への核の使用を禁止する消極的安全保証を前面に掲げているのではなく、むしろその逆の積極的安全保証[24]により安全を確保する政策を遂行していくことに重点を置いている[25]。ポスト冷戦期にあたる今日、核兵器を保有することにより核戦争を回避することができるとする、核抑止論[26]に立脚した形で政策が決定されており、軍縮関連諸条約の締結の際にも影響を及ぼしている。このような核兵器による抑止に対抗する手段として非核地帯という制度が生み出されたのである。核兵器国は、核兵器による攻撃を受ける危険性を軽減するための措置として、非核地帯の設置を基本的に容認している。非核兵器国にとっては核兵器国による核兵器を用いた攻撃を回避することができることが利点となっている。このように、核兵器国と非核兵器国の両者が得る利益の均衡が保持される（give-and-take

の関係を維持する)ことにより、非核地帯は機能している。

ⅱ) 事実上の核兵器国の取り扱い

既存の非核地帯諸条約においては、NPTで公式に核兵器を持つことが許されている5カ国(米・英・仏・中・露)と、非核地帯内に属領を持つ国(その多くは核兵器国である)に対して消極的安全保証を求めている。しかしながら、実際に核兵器を保有している国家はこれら5カ国のみではないことは明らかであり、NPTでは核兵器を持つことが認められていないものの、実際には持っていることが公然の事実となっている「事実上の核兵器国」をどのように取り扱うのかが課題となっている。

NPTでは、核兵器国は米・英・仏・露・中の5カ国と定められている。しかしながら、この定義に反して独自に核実験を行い、核兵器の製造技術を開発しているとされる事実上の核兵器国が存在しているのが実状である。インド、パキスタン、北朝鮮などがその代表である。ただし、ソ連の解体のよって分裂したウクライナ、ベラルーシ、カザフスタンがあるが、現在はリスボン協定により核兵器をすべてロシア領に移動させていることから、ここでいう事実上の核兵器国には含まれない。

NPTでは、非核地帯を制度面での強化を図るための下支えをしてくれるものとして捉えている。不安定な地域から核兵器を取り除くことは、対立国家間で核兵器を使用するという危険な状況を回避するため、非核地帯は有効である[27]。核兵器を保有する要因には地域性が大きく影響している場合が多いので、地域密着型の取り組みとして非核地帯は地域の安定に貢献している。

事実上の核兵器国は、具体的な国名としては先に挙げたように1970年代と90年代に核爆発実験を行ったインド、さらにインドの核実験に対抗する形で核実験を行ったパキスタン、数度にわたる中東戦争を繰り広げ

る中でアラブ諸国に力で対抗するために核開発を行っているとされるイスラエル、そしてNPTからの脱退表明や核関連技術や機材の輸入などを通して、核開発を進めている北朝鮮を挙げることができる。NPTのみならず非核地帯においても、今後の課題としては、事実上の核兵器国が存在している以上、これらの国をどう定義づけていくのかという点が重要である。特にインド、パキスタン両国は中央アジア諸国と隣接しており、中央アジア及びモンゴル双方がインド、パキスタン両国が保有するミサイルの射程圏内に入っている[28]ことから、同地域における非核地帯の実効性を確保するためにも、インドおよびパキスタンに対しても消極的安全保証を求めることが重要となってくる[29]。

　貧困や格差を解消するために国連を中心に取り組んでいるプロジェクトとして、持続可能な開発（Sustainable Development）がある。これと関連して特に社会的弱者が戦争に巻き込まれるリスクを減らすことを目的として国連やNGOを中心として取り組んでいるのが、持続可能な軍縮（Sustainable Disarmament）プロジェクトである。核兵器は一度に多くの一般市民を巻き添えにするという意味においては、貧困や格差の問題と同じものととらえることができる。核兵器の削減に対する漸進的な取り組みには、以下の4点に焦点を当てる必要がある。第一に、地域内で長年にわたって続いている諸問題の解決には核抑止論に代表される核による均衡を軸とする現実と、核軍縮、究極的には核廃絶という大義との均衡をいかにして保持するか、という難しさがある。第二に、持続可能な軍縮を促進していくためには、国際政治における現実の力関係を打ち破るためのNGOを中心とした幅広い連携体制が必要である。第三に、持続可能な軍縮を促進するために問題点を出し合い、解決に向けて取り組んでいくための、非核地帯当事国のみならずNGOや一般市民を含めた協議体が必要である[30]。そして最後に、核軍備管理と核軍縮は両輪で取り組ん

でいくことで、持続可能な軍縮の効果を見ることができる[31]。

このような重要な点を象徴的に示しているのが、核開発が世界的に問題視されている北朝鮮を巡る情勢である。北朝鮮問題においては自国を防衛するために核兵器の保有に全国力を傾注しようとする現実[32]と、核兵器の開発そのものを認めないとする国際社会の正義との相克が課題となっている。このような課題を克服するために南北朝鮮、日本、中国、米国そしてロシアからなる六者協議を活用し、エネルギー支援を行いながら徐々に成果を上げるための取り組みがなされている。北朝鮮が仮に核武装したと国際社会が見なすと、休戦状態となっている韓国（大韓民国）が真剣に核武装を考えるようになる。南北朝鮮が核武装するとなると、当然、日本も核武装しなければならないという議論が活発となることが十分に予想される[33]。このような北朝鮮を発端とした核軍拡を防止するための持続的な取り組み、さらには核不拡散レジーム（体制）の形成が今後ますます重要となってくる[34]。北朝鮮に核兵器を手放してもらうには、北朝鮮指導部の体制維持を保証することが不可欠である。

(d) 地域別構成要素

最後に、上記3つの構成要素以外に設けられている地域独自の構成要素について見ていきたい。以下で取り上げる非核地帯諸条約の概要については、第4章を参照していただきたい。また、巻頭の地図でも位置を確認しながら見ていくと、それぞれの位置関係から現実の国際社会が見えてくるはずである。

まずはモンゴルにおいて、一国非核兵器地帯ともいえる非核兵器地位[35]が認められた。非核地帯は2カ国以上で創設されるのが原則であるため、1カ国のみでの創設は前例がなかった。モンゴルは中央アジア諸国とともに6カ国で非核地帯を創設するつもりであったのだが、中央ア

ジアとモンゴルが陸続きでなかったため、米国が6カ国一括での非核地帯の創設を認めなかった。モンゴルは中国、ロシア両核兵器国に挟まれているため、核兵器がモンゴル上空を通過した場合、偶発的に核兵器が着弾し、被害を受ける可能性がある。そこで自国上空を核兵器が通過しないようにするために、一国での非核地帯化を国際社会に認めてもらうべく、アピールを続けた。そのような努力の結果、国際的に認められたのが非核兵器地位という立場であった。非核兵器地位は国連総会決議による承認を受けるとともに、核兵器国、とりわけ隣国の中露両国からも支持され、非核地帯の一形態として国際社会から認められた。さらにセミパラチンスク条約（中央アジア）においては第6条に環境安全保証の項が設けられるなど、既存の諸条約には存在しなかった、新たな項目や概念が付け加わっているのも特徴である。非核地帯を創設しようとする地域が核兵器に関して抱える諸課題を条約本文に盛り込むことが、非核地帯の存在価値を高めている。モンゴル、中央アジアともに非核地帯を創設するに際しても、従来の3つの構成要素に加えて地域独自の構成要素となる第四の構成要素としての環境安全保証の項が設けられた。ただし、国連総会決議で定義された先に挙げた3つの要素と同列に扱うことができるのかについては検討の余地があろう。

　そして既存の4条約についても、非核地帯条約を構成する条項に変化が見られる。まず、トラテロルコ条約（ラテンアメリカ）では、当初含まれていなかったカリブ海地域がその範囲として盛り込まれ、条約の正式名称が「ラテンアメリカ及びカリブ地域における核兵器の禁止に関する条約」と変更されたことが挙げられる。さらに長年、軍政を敷いてきたブラジル、アルゼンチンが、民政への移行に伴い、1990年代初頭にトラテロルコ条約への署名・批准を相次いで行った。次いで、ラロトンガ条約（南太平洋）では、米国の信託統治下にあった島嶼国が同条約への署名

を1990年代後半に行ったのである。

　バンコク条約（東南アジア）では、排他的経済水域をその適用範囲として初めて条約の規定に盛り込んだ。これに対し、南シナ海への領域拡大を目指す中国は難色を示した。一方で米国は、太平洋及び南シナ海とインド洋を結び、古くから海運の要衝として知られるマラッカ海峡を核兵器が搭載された船舶が通れなくなることを懸念し、条約の適用範囲の見直しを求めている。

　ペリンダバ条約（アフリカ）では、第10条で核物質及び施設の防護を、そして第11条で核施設に対する武力攻撃の禁止といった、独自の規定が設けられた。これら一連の変容は、非核地帯諸条約の実効性を確保するために必要不可欠な要素となっていることから、第四の構成要素と位置づけられる。昨今では南半球非核兵器地帯構想が国連総会で採択され[36]、非核地帯の創設された地域間の協力が活発化しつつある。いずれにしても、今後の非核地帯の地球全体への拡大についてはなお多くの課題が残されているが、少しずつその困難を克服していくための力の結集が必要である。また、モンゴル非核兵器地位はインド、パキスタンという2つの事実上の核兵器国と国境を接しているネパールがモンゴルの置かれている状況と似通っていることから、非核兵器地位を新たに設けるのにふさわしい国だといえる[37]。

　セミパラチンスク条約（中央アジア）では、同地域内の相次ぐ核実験によって実験場の周辺住民が被ばくし、直接的な健康被害を受けたことが契機となり、条約の中に環境保全条項が盛り込まれた。中央アジアに非核地帯が創設された経緯からすると、非核地帯は、冷戦期に求められた「核からの自由」という目的を達するための手段というだけでなく、むしろ地域統合の一手段として変容を遂げている。セミパラチンスク条約では、地域が抱えている共通の課題（環境保全）を第四の構成要素として条

約が締結され、同地域の安全に寄与している。

　地域統合の一手段として機能している非核地帯は、新たな地域で創設される際にも上記4つの構成要素（31頁の図参照）が必要不可欠となると考えられる。しかしながらこれらの構成要素に付随する諸要素、具体的にはセミパラチンスク条約に見られるような条約の適用範囲といった条項に対する捉え方については、核兵器国と非核兵器国では見解が異なる。そこで以下では双方の立場から非核地帯の構成要素に関する諸課題を整理する。

　まずは、核兵器国の立場から考えてみる。非核地帯諸条約を構成する4つの構成要素に付随する概念を条文に盛り込むことについて、既存の4条約及びセミパラチンスク条約を通じて一貫しているのは、核兵器国の安全保障に影響を及ぼす可能性のある規定及び概念について、これを容認しないということである。そのため、セミパラチンスク条約の将来的な適用範囲の拡大に関する条文を設けることに対して核兵器国、特に米英仏の3カ国は一貫して反対の姿勢を崩さなかった。さらに通過通航の自由を確保することを条約付属議定書への調印の条件とした。バンコク条約（東南アジア）は、域内国の領域といった従来の同地帯の適用範囲のみならず、排他的経済水域に関しても条約の適用範囲とすることについて、国際法上認められている公海自由の原則に抵触するという理由から、上記規定が削除されない限り条約への署名を行わない旨を表明している。

　山本武彦は公海自由の原則との関連で、大量破壊兵器（WMD）の拡散を防ぐための安全保障構想（PSI）の中で「灰色領域」が存在し、「とくに国際法上の論点として、PSIを含めた不拡散レジーム参加国の船舶、航空機などへの臨検行動については合意の拘束性ゆえにさほど問題は生じまいが、レジーム外の国に所属する船舶等への臨検措置（とくに領域外での措置）の合法性については、『灰色領域』に入る争点だけに議論を醸すで

あろう」と述べ、条約の適用範囲に関する問題が今後議論を呼ぶ可能性を指摘している[38]。

　核兵器国は、非核地帯を自国の安全保障との関連で有益であると認めた場合にのみ支持するという姿勢を踏襲している。例えばモンゴルが国連で認められた非核兵器地位に関して、核兵器国は他国で適用することは認められないとしている。特に核兵器国は、既存の非核地帯諸条約の条項にはない、新たな条項を有する場合には、自国の安全保障との関連でその可否を判断している[39]。

　対する非核兵器国の立場からすると、自国の安全保障を担保するための1つの有力な手段となりうる核兵器保有という選択肢を手放す代わりに、少なくとも核保有国からの核攻撃を受けないという消極的安全保証を確保することにより、非核地帯の創設が大きな意味を持つことになる[40]。しかしながら今日においては、次の2つの点で脆弱性が生ずる。1つは、先に述べたように5つの公式に認められている核保有国以外の国家、すなわち事実上の核兵器国による消極的安全保証が担保されていないという点である。もう1つは、核兵器の小型化が進み、核兵器を保有する対象がテロリストなどといった組織、あるいは個人にまで及んでいるという点である[41]。国家以外の主体による核兵器保有を規制するための法制度は、ようやく整備に向けた取り組みが始まった[42]のであり、そのような意味において非核地帯にも限界を認めざるを得ないのである。

第 1 章　非核地帯とは何か

非核地帯の構成要素

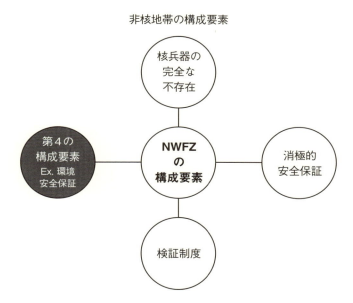

NPTとは？

NPT（核不拡散条約）「核兵器の不拡散に関する条約（Treaty on the Non-Proliferation of Nuclear Weapons）」（1968年）
1968年7月1日に署名開放され、70年3月5日に発効（日本は1970年2月署名、1976年6月批准）。締約国は191カ国（2015年2月現在）。非締約国はインド、パキスタン、イスラエル、南スーダン。

NPTの目的と内容
NPTは、以下の3本を柱として運用される。
①核不拡散：米、露、英、仏、中の5カ国を「核兵器国」と定め、「核兵器

国」以外への核兵器の拡散を防止。
（参考）第9条3項　この条約の適用上、「核兵器国」とは、1967年1月1日以前に核兵器その他の核爆発装置を製造しかつ爆発させた国をいう。
② 核軍縮:各締約国による誠実に核軍縮交渉を行う義務を規定（第6条）。
③ 原子力の平和的利用:締約国の「奪い得ない権利」と規定するとともに（第4条1項）、原子力の平和的利用の軍事技術への転用を防止するため、非核兵器国が国際原子力機関（IAEA）の保障措置を受諾する義務を規定（第3条）。

核兵器の保有を認められた5カ国と、それ以外の国（非核兵器国）の2つに区分けされ、非核兵器国には核兵器の保有権を手放す代わりに、③にある、平和的利用（原子力発電技術の利用など）を認めるというものである。

NPT締結後の動き

1995年 NPT運用検討会議にて、条約の無期限延長が決定される（NPT 第10条2項）。

● 2010年NPT運用検討会議（ニューヨーク）

会議では、NPTの3本柱（核軍縮,核不拡散,原子力の平和的利用）それぞれについて,条約の運用のレビューと将来に向けた具体的な行動計画を含む最終文書を採択。

▼会議の成果
- 「核兵器のない世界」の達成に向けた直接的な言及
- 核軍縮に関する「明確な約束」を再確認
- 具体的な核軍縮措置につき、核兵器国が2014年のNPT運用検討会議準備委員会に進捗を報告するよう核兵器国に要請
- 中東決議の実施に関する現実的な措置［非大量破壊兵器地帯 の設置］
→2012年の国際会議開催を支持

◎2015年NPT運用検討会議(ニューヨーク)

会議の成果をまとめた最終文書を可決できず。背景に核兵器国と非核兵器国とのNPTに期待する認識の違いがある。→核兵器禁止条約の締結に向けた動きの中で両者の溝が先鋭化した。

1 本書では核兵器の技術的側面について触れることができなかったが、核兵器の仕組みを解説する文献は多数刊行されているので、適宜参照いただきたい。例えば、舘野淳『原子爆弾から原子力発電まで 原子力のことがわかる本』数研出版、2003年では、図表を駆使して核兵器と原子力発電との関連性について分かりやすく説明している。
2 SIPRI Yearbook 2016 <https://www.sipri.org/media/press-release/2016/global-nuclear-weapons-downsizing-modernizing>
3 2017年現在、イランの核開発疑惑については解消され、アメリカを始めとする各国との関係改善が進んでいる。
4 軍縮(disarmament)とは、「各国の軍備水準(兵器、軍事技術、その他の軍備品と軍要員)を削減し廃止するための措置をいい(完全または部分的軍縮)、武力行使禁止のいわば論理的または理念的な帰結である」としているのに対し、軍備管理(arms control)とは「兵器システムその他の軍備水準の量的または質的な基準による上限を定めること」と定義している。軍備水準において一定の上限を設けるか否かにより区別しているが、核兵器を削減するという意味においては両者とも同義であると考えて差し支えない。山本草二『国際法【新版】』、有斐閣、1994年、284～285頁。
5 オバマ政権の核軍縮・核不拡散政策について、主に国際条約の観点から検討したものとして、黒澤満「オバマ政権の核軍縮・核不拡散政策」『阪大法学』第59号2巻、2009年7月、319～341頁。さらに国際関係論の観点から検討したものとして、吉田文彦『核のアメリカ トルーマンからオバマまで』岩波書店、2009年、204～242頁。
6 冷戦の終結が非核地帯の創設にもたらした影響について杉江栄一は、「4つの非核兵器地帯条約は、その成立時期も過程も異なっている。しかしいずれも冷戦とその終結に深く関わっている。バンコク条約とペリンダバ条約の締結は冷戦の終結によって促進された。冷戦を背景にしてはその実現は不可能であった。

トラテロルコ条約とラロトンガ条約の締結はむしろ冷戦を背景とし、冷戦の影響を免れることを目的としていたが、冷戦終結後に条約の改正と全地域内諸国の参加、地帯外国による付属議定書の署名・批准が進んだ。冷戦の終結は非核兵器地帯の拡大に新しい展望を開いたのである」と評している。杉江は非核地帯諸条約の構造に関して、(1)「核兵器」または「核爆発装置」の定義、(2) 条約義務（禁止または防止）と権利、(3) 条約の適用地域・領域および通過・通航、(4) 管理・検証システム、そのメカニズムに関する詳細な検討を行っている。杉江栄一『ポスト冷戦と軍縮』法律文化社、2004年、151～157頁。

7 　土山實男『安全保障の国際政治学―焦りと傲り』有斐閣、2004年、240～244頁。ジョセフ・S. ナイ・ジュニア（Joseph S. Nye, Jr.）著、田中明彦、村田晃嗣訳『国際紛争―理論と歴史〔原書第6版〕』(Understanding International Conflicts: An Introduction to Theory and History, 6th ed.) 有斐閣、2007年、184頁。

8 　Josef Goldblat, "Nuclear-Weapon-Free Zones: A History and Assessment", *The Nonproliferation Review*, Monterey Institute of International Studies, Vol. 4, No. 3, Spring-Summer 1997, pp. 18-32.

9 　世界の非核地帯の分布については、巻頭の地図を参照。

10 　抑止とは、敵対者に自らの利益を極度に危険にさらすような武力攻撃に代表する行動をとらせないようにする努力から成り立っている。非核地帯は敵対者となる核兵器国の存在を消極的安全保証により無力化する概念であることからその前提条件が異なる。なお本書では抑止に代表される力による均衡に対する概念として非核地帯を捉える。See Paul Gordon Lauren, Gordon Alexander Craig, Alexander L. George, *Force and statecraft: diplomatic challenges of our time* (Forth Edition), Oxford University Press, 2007, pp.177-180.

11 　3472B(X X X). *Comprehensive study of the question of nuclear-weapon-free zones in all its aspects* (2437th plenary meeting / 11 December 1975).

12 　*Comprehensive Study on the Question of Nuclear-Weapon-Free Zone in All its Aspects*, United Nations General Assembly, 30th Session, Supplement 27/A, UN A/10027/Add.1 (8 October 1975). さらに、Ashok Kapur, *International Nuclear Proliferation -Multilateral Diplomacy and Regional Aspects*, Praeger Publishers, 1979. ; Judge Nagendra Singh and Edward Mcwhinney, Q.C., *Nuclear Weapons and Contemporary International Law* (Second Revised Edition), Martinus Nijhoff Publishers, 1989.

13 　Tariq Rauf, "3 The Strengthened NPT Review process: Legal and diplomatic considerations", Ungerer, Caul and Hanson, Marianne ed., *The Politics of*

Nuclear Nonproliferation, Allen & Unwin in association with the Department of International Relations Research School of Pacific and Asian Studies Australian National University, Canberra, ACT, 2001, pp. 31-53. なお、ペリンダバ条約は、2009年7月15日、ブルンジの批准により発効した。

14 今井隆吉『IAEA査察と核拡散』日刊工業新聞社、1994年、64〜75頁。さらに同書78〜90頁には、IAEA査察の限界と問題点について記してあるので、合わせて参照されたい。同頁には、締約国の申告違反、設計情報の提供、80％の信頼度による判定と制裁の可能性、国の主権、特別査察、そのきっかけに関する諸課題が山積していると指摘する。

15 小都元『核兵器事典』新紀元社、2005年、36〜37頁。核兵器の原料となるプルトニウムの現状について、「1950年代に米国とフランスが再処理についての情報を公開したために、その情報は一般的に利用されるが、それを実現するためには非常に複雑で幾多の技術的困難を伴う。したがって核分裂物質としてプルトニウムを利用して核兵器を開発したい国（たとえばインド、パキスタン、イスラエルなど）は、先進国に技術援助を求めてそれを達成した。しかし、北朝鮮は、当初ソ連の援助があったが、その後は外国の援助なしに独自に寧辺の再処理施設を構築し核開発を進めている。ただし、濃縮プラントと同じく、再処理プラントは合法的な民間利用にも用いられる。これはプルトニウムが商用原子炉の燃料としても用いられるからだ。このためにプルトニウムが核兵器に転用されることを防止するには厳格な核物質管理が必要になる」とし、核関連物質を管理する重要性を指摘している。プルトニウムを抽出するのには莫大な金額が必要ではあるが、ひとたび濃縮技術を手に入れてしまえばプルトニウムの方が容易に核兵器に転用しやすいと専門家の間では考えられている。

16 平和目的の核爆発に関しては、本章で論じた平和目的核爆発に対する規制を一律に強化すべきであるとの立場とは別に、核兵器国のみではなく非核兵器国に対しても求めるか、あるいはいずれに対しても禁止することにより両者の均衡を保つことを明確にすべきであるとの見解もある。黒澤満「非核兵器地帯と安全保障　ラテンアメリカ核兵器禁止条約付属議定書Ⅱの研究」『法政理論』第12巻第3号、1980年2月、152〜158頁。黒澤満「核兵器不拡散および非核兵器地帯の法的概念」『法政理論』第13巻第3号、1981年3月、163〜164頁。

17 Ramesh Thakur, "1 Stepping Stones to a Nuclear-Weapon-Free World", Thakur, Ramesh ed., *Nuclear Weapons-Free Zones*, St. Martin's Press, Inc., 1998, pp.16-18. 黒澤満「軍縮と国際機関　軍縮条約の履行を確保するための機構・機関」『世界法年報』第10号、1990年、30〜42頁。

18 黒澤満「積極的安全保障から消極的安全保障へ 核時代における非核兵器国の安全保障」『神戸大学法学雑誌』第30巻第2号、1980年9月、397〜437頁。
19 William H. Baugh, *United States Foreign Policy-Making: Process, Problems, and Prospects for the Twenty-First Century*, Harcourt Brace & Company, 1999, pp.57-84. 核兵器保有数については、表1を参照。
20 Sharon K. Weiner, "Preventing Nuclear Entrepreneurship in Russia's Nuclear Cites", *International Security*, Vol.27, No.2 (Fall 2002), pp.126-158.
21 山田浩『現代アメリカの軍事戦略と日本』法律文化社、2002年、247〜271頁。さらにユニラテラリズム（単独行動主義）の時代における軍備管理に関する論考としては、岩田修一郎「単極構造時代の軍備管理 大量破壊兵器の規制条約と米国の対応」『国際安全保障』第31巻第1-2合併号、2003年9月、93〜108頁が詳しい。岩田は、「単極構造時代の到来は、WMDとテロリズムの脅威増大と重なりあって」おり、「国際政治の構造と安全保障環境が近い将来に大きく変わる見込みがない以上、将来、米国の政権が変わったとしても、現在の政策の基調が変わる可能性は小さいと思われる」（いずれも104頁）として、ユニラテラリズムの構造がこのまま固定化することを示唆している。
22 米国・ロシア両核大国をはじめ、核兵器を保有する国家の保有弾頭数については表1を参照。
23 D. W. Albright, *Threats to U.S. Security in a Postcontainment World*, Center for Aerospace, Cadre Paper, April 1992, pp.17-18.
24 積極的安全保証については、国連安全保障理事会決議Resolution 255 (1968) of 19 June 1968, Question Relating to Measures to Safeguard Non-Nuclear-Weapon States Parties to the treaty on the Non-Proliferation of Nuclear Weapons. に、その定義がなされている。第一項には核兵器による攻撃または威嚇を受けた非核兵器国に対して核兵器国が援助を行うと記されており、これが積極的安全保証の定義とされる。なお、同趣旨の決議については1995年の国連安保理決議S/RES/984の第一文でも核兵器国に対し求めている。しかしながらこれらは努力規定であり、あくまでも核兵器国に対し義務づけているものではない。
25 浅田正彦「『非核兵器国の安全保障論』の再検討」『岡山大学法学会雑誌』43巻2号、1993年、1〜57頁。
26 核均衡論とも呼ぶ。ジョセフ・S・ナイ著、土山實男訳『核戦略と論理』(Joseph S. Nye, Jr., *Nuclear Ethics*, Macmillan Publishing Company, Inc., 1986.) 同文舘出版、1988年、65〜88頁に詳細な説明がなされている。
27 Ramesh Thakur, "2 Sustainable disarmaments", Caul Ungerer and Marianne

Hanson, ed., *The Politics of Nuclear nonproliferation*, Allen & Unwin in association with the Department of International Relations Research School of Pacific and Asian Studies Australian National University, Canberra, ACT, 2001, pp.13-15, 26-28.
28　インド製の最も航続距離の長いミサイル（アグニ5）の射程範囲については、BBC HP<http://www.bbc.com/news/world-asia-india-17765653>を参照。パキスタン製の最も航続距離の長いミサイル（シャヒーン3）の射程範囲については、ワシントンポストHP<https://www.washingtonpost.com/world/asia_pacific/pakistan-tests-missile-that-could-carry-nuclear-warhead-to-every-part-of-india/2015/03/09/920f4f42-c65c-11e4-bea5-b893e7ac3fb3_story.html?utm_term=.39880073fc48>を参照。両国のミサイルはいずれも中央アジアやモンゴルを射程に収めている。
29　事実上の核兵器国の問題について、例えば、広瀬訓「10　多国間核軍縮・不拡散交渉と核敷居国問題」浅田正彦、戸﨑洋史編『核軍縮不拡散の法と政治』信山社、2008年、203～222頁。
30　持続可能な軍縮を促進するためのインフラを整備するためには、具体的に次の3点が求められる。第一に、NPTの規定による核兵器国、非核兵器国双方に求められる努力規定に関して均衡をとることが必要である。これはポスト冷戦期においてはさらに重要度が増している点である。第二に、核不拡散の流れを成功に導くためには核開発、核実験、核兵器国の核段頭数に関する実質的な制限が必要である。第三に、敵対する近隣の諸国間で用いられる中距離核戦力の保持を禁止する条約（Intermediate-Range Nuclear Forces（INF）Treaty）に対する幅広い支持が今後とも必要である。Ramesh Thakur, *op.cit.* (note. 17), p.27.
31　NPT第9条3項。同項には「『核兵器国』とは、一九六七年一月一日前に核兵器その他の核爆発装置を製造しかつ爆発させた国をいう」とあり、具体的な国名は明記されていないが、核実験を行ったことを表明したのが米・英・仏・露・中の5カ国であるため、NPT上の「核兵器国」とはこれら5カ国を指す。
32　村井友秀「第10章　東アジアの紛争構造」村井友秀、真山全編『安全保障学のフロンティア　21世紀の国際関係と公共政策　I』明石書店、2007年、187～189頁。
33　いわゆるドミノ理論である。
34　倉田秀也「第6章　北朝鮮の米朝『枠組み合意』離脱と『非核化』概念　新たな核開発問題と地域的解決の模索」黒澤満編『大量破壊兵器の軍縮論』信山社、

2004年、144～145頁。
35 モンゴル非核兵器地位及びセミパラチンスク条約について検討を行ったものとして、拙稿「ポスト冷戦期における非核（兵器）地帯の変容　モンゴル非核兵器地位の創設と中央アジア非核兵器地帯条約草案を通して」中部大学国際人間学研究科編『国際人間学フォーラム』第2号、2005年12月、31～55頁。石栗勉「21　非核兵器地帯　中央アジア非核兵器地帯条約を中心として」浅田、戸崎編『前掲書（注29）』、463～486頁。
36 国連総会決議A/RES/51/45/B（10 December 1996）. なお、本構想に関する考察を加えたものとして、小柏葉子「南半球の非核化　地域間協力の可能性」広島平和研究所編『21世紀の核軍縮　広島からの発信』法律文化社、2002年、438～460頁。
37 ネパール非核兵器地位構想に関する言及については、以下のWebsite中の'Extension of the Southeast Asian NWFZ'の項を参照。Devon Chaffee and Jim Wurst, "Strengthening Existing Nuclear Weapon Free Zones", New York: Lawyers, Committee on Nuclear Policy Inc., 2000. <http://www.lcnp.org/disarmament/nwfz/StrengtheningExistingNWFZ.htm>

　　ネパールは中国とインド（事実上の核兵器国）に挟まれる形で位置していることから、モンゴルと同様の措置（非核兵器地位の創設）が望ましいとされている。また、カナダについても、米国にその領土を挟まれており、同時にCTBT締結など核不拡散諸条約に対する近年の特筆すべき姿勢から見ても、非核兵器地位の設置がふさわしいものと考えられる。
38 山本武彦「第5章　不拡散戦略の新展開　PSIとCSIを中心として」平成一五年度外務省委託研究報告書『「大量破壊兵器不拡散問題」研究報告書』日本国際問題研究所、2003年、75頁。
39 自国の安全を第一とする流れは第2章で取り上げるトラテロルコ条約の締結過程に際する核兵器国の発言や文書からも明らかである。
40 核による均衡を保持することは核兵器が存在するという前提を許容することになることから容認することはできず、むしろ消極的安全保証による非核兵器国の安全が保障されるという立場から論じたものとして、黒澤満『軍縮国際法の新しい視座　核兵器不拡散体制の研究』有信堂高文社、1986年、213～246頁。逆に、消極的安全保証と核抑止力論に代表される積極的安全保証は表裏一体のものであるという立場から論じたものとして、浅田正彦「『非核兵器国の安全保証』論の再検討」『岡山大学法学会雑誌』43巻2号、1993年、1～57頁。

41　例えば、吉田文彦（編）+朝日新聞特別取材班『核を追う　テロと闇市場に揺れる世界』朝日新聞社、2005年、7〜36頁。
42　浅田正彦「第3章　ミサイル関連の輸出管理レジーム」浅田正彦編『兵器の拡散防止と輸出管理　制度と実践』有信堂高文社、2004年、77〜108頁。

第2章 非核地帯の誕生
―トラテロルコ条約誕生秘話―

　非核地帯の誕生は、今から半世紀ほど前の1960年代にさかのぼる。1962年にはキューバ・ミサイル危機（以下、キューバ危機）が勃発し、米ソによる核戦争一歩手前まで進んだ。さらに、米ソに加えて英・仏・中も核実験に成功したことから、核保有国のさらなる拡大が懸念された。このような事態を回避するために第一歩を踏み出したのが、キューバ危機に直接影響を受けたラテンアメリカ諸国、中でも米国と南側で国境を接しているメキシコであった。本章では、メキシコを中心としたラテンアメリカ諸国がどのような交渉を経て非核地帯の創設に至ったのかを見ることで、非核地帯の本質に迫りたい。

キューバ危機とラテンアメリカ諸国

　キューバ危機はまさに地図上ではラテンアメリカの北東に位置する、キューバでの出来事であった。それは1962年10月に緊張が最高潮に達する、第三次世界大戦の始まりを予感させる大きな出来事であった[1]。ラテンアメリカ諸国は、実際にキューバ国内にソ連の核兵器が配備されると、核兵器を使用する可能性のある国家が自国のすぐ近くに存在することに伴う危険性、さらには米ソによる核戦争に直接巻き込まれる可能性が高まったため、自国の安全を確保する方策の検討に入った。ラテンア

第2章 非核地帯の誕生

メリカにおける非核地帯の創設には、核兵器の存在しない地帯を創設することにより自国の安全を担保しようとする気運が高まった中東欧の動きに触発されたという経緯がある。

先にも述べたように、キューバ危機は核兵器を巡る歴史の大転換期の1つであった。なぜならばキューバ危機を契機として、極度に緊張した冷戦構造に巻き込まれることを回避するため、非核兵器国を中心に、より危険の少ない存立可能な国際システムを求める路線へと移行していったからである。キューバ危機を回避するまでの米ソ両国とラテンアメリカ諸国との確執については、次の2点に集約される。

第一に、米ソ間の核戦争という、人類が破滅に至るかもしれない戦争を回避しなければならない、そのためには両国間の信頼醸成が重要となる[2]。米ソ両国のいずれかが核兵器を実際に使用した場合、相手国がその対処法を明らかにしておくことは一見すると危険なことのように思われる[3]。しかしながら、その対処法を明らかにすること、具体的にはミサイルの射程距離や保有数、破壊力などといった基礎的なデータを明らかにしておくことは重要である。このような一連の情報を相互交換することによる相互抑止の効果が生まれ、戦力を均衡化し、かつ効率的な比率で保有することが可能になる。ひいてはこれが米ソ両国を中心とした軍縮へとつながっていくことが期待されたが、現実には人類を破滅させるのに十分な数の核弾頭を両国は依然保有している。

第二に、キューバ危機は世界が核軍縮、核不拡散の重要性について強く認識した時でもあった。同危機については、「戦略核兵器（射程5,500km以上の長距離核弾頭）による威嚇を冷戦政策上の道具として使用するという、長年にわたる慣行の頂点をなした出来事であった」と指摘されるように[4]、両国の核兵器を巡る争いに巻き込まれたくはないという思いが他の国々の間で共有されることとなった[5]。ラテンアメリカ諸国の中でもメキシ

コはキューバに近接しており、その影響を受ける可能性が高かったことからも、非核地帯の創設に対して熱心であった。

キューバ危機を受け、1962年11月にはブラジル、チリ、エクアドル及びボリビアの4カ国によるラテンアメリカ非核化に関する決議案（A/C.1/L.312/Rev.2）が国連総会に提出された。同決議案は採決が見送られたものの、その後1963年にはこれにメキシコが加わり、まず国連総会の下部組織である国連第一委員会で「ラテンアメリカの非核化宣言」（A/5415/Rev.1）が決議され、これを受けて同年12月の国連総会において「ラテンアメリカの非核化」と題する決議（1911（XⅧ））が採択されている。一連の決議ではラテンアメリカの非核化の必要性を強調するとともに、ラテンアメリカの非核地帯化に向けた支持及び協力を国際社会に対して求めている。

メキシコ凄腕外交官の登場

トラテロルコ条約の締結に際して主導的な役割を果たしたのがメキシコ政府、及び当時の交渉のとりまとめ役を務めたアルフォンソ・ガルシア・ロブレス（Alfonso García Robles）元外相であった。彼はトラテロルコ条約締結やジュネーヴ軍縮委員会、あるいは2回にわたる国連軍縮特別総会など国連における軍縮活動に精力的に取り組んだ功績が認められ、ノーベル平和賞を受賞した[6]。本交渉に関して黒澤満は、「地域の特殊な事情を考慮に入れ、地域の諸国の参加を得て行われるものであり、地域的な安全保障にとって極めて有益なものである」と評している[7]。

トラテロルコ条約の締結には、ラテンアメリカに非核地帯を創設するという構想が打ち出されてから4年と4ヶ月の歳月を要した。米国は当初、非核地帯の創設に対しては慎重であったが、最終盤では協力的になった。

第 2 章　非核地帯の誕生

　そのような意味においてラテンアメリカに非核地帯を創設するにあたり、米国の支持を取り付けることができたという事実は大きな意味を有する[8]。同時にラテンアメリカ諸国が核兵器を手放すことに利点があると確信していたことも、同条約の締結に大きな役割を果たした。そして同条約の締結にあたり、中心的な役割を果たしたのがラテンアメリカ非核化準備委員会（COPREDAL）という協議機関の設置であった[9]。

　トラテロルコ条約の機能強化に当たっては、COPREDALの果たした役割を引き継ぐ形でいくつかの多国間協議体が機能している。まず、トラテロルコ条約の締結に当たり、実質的な運用を行う機関として最終的に設置されたのがラテンアメリカ核兵器禁止機構（OPANAL）である。その後、冷戦終結を受けてブラジルとアルゼンチンが核兵器開発に関する対立を解消するに至ったことから、1990年代初頭にアルゼンチン・ブラジル核物質計量管理機構[10]（ABACC）が設立された。

表2　トラテロルコ条約締結のために開催された会議（COPREDAL）の概要

回	期　　　間	主な議事内容・決議番号
第1回	1965年3月15日～22日	検証制度 COPREDAL/1～9（修正版）
第2回	1965年8月23日～9月2日	条約の適用範囲 COPREDAL/10～19
第3回	1966年4月19日～5月4日	平和目的核爆発・適用範囲 COPREDAL/20～38
臨　時	第3回と第4回の間	総合的な協議 COPREDAL/39～60
第4回	1967年1月31日～2月14日	地帯の地理的定義・留保禁止 COPREDAL/61～76

［出所］Epstein, William, "The Making of the treaty of Tlatelolco" *Journal of the History of International Law* 3, 2001, p.161-171. やCOPREDAL議事録を基に著者作成。

　激しい交渉と妥協がなされたトラテロルコ条約の締結に当たっては、

予備会合があり、その後4回の交渉機会が設けられた。一連の交渉では、非核地帯の定義とされている国連総会決議1911（XⅧ）の中の決議Ⅰにおいて非核化（denuclearization）の意味を明らかにするとともに、決議ⅡではCOPREDALの設置を促している。準備委員会には、ラテンアメリカ非核化条約の具体的な予備草案を準備するという役割があった。予備会合を受けた1964年11月の第一回交渉には15カ国が参加し、メキシコにて開催された。そこで話し合われた主な内容は以下の4点である。第一に、ラテンアメリカに非核地帯を創設することに対する利点と、実現可能性についてである。第二に、協議委員会の設置に対する利益についてである。具体的には1964年の交渉開始時点で主導的な役割を果たしていたメキシコと原子力の利用を制限されたくないとするブラジル、アルゼンチン両国との対立が表面化していたことから、この対立を解消するための調整機関として、COPREDALの設置が求められた。第三に、非核地帯の適用範囲についてである。そして最後に、中国の核爆発成功による影響と核兵器国による消極的安全保証に関する条項をどうするかについて話し合われた。ラテンアメリカ諸国内の問題とともに同諸国を取り巻く外的要因が、トラテロルコ条約の草案を作成するにあたって焦点となっている。

米国の介入

トラテロルコ条約締結に向けた一連の会合の最後の協議となる第4回会議は、1967年1月から2月にかけて（1月31日から2月14日）開催された[13]。本会合では、非核地帯の適用範囲を決めるための協議が行われた。具体的にはカナダを除くすべての南北アメリカ諸国によるアメリカ大陸周辺地域での交戦を禁止する1939年のパナマ宣言、及び南北アメリカ諸

第 2 章　非核地帯の誕生

国間の防衛に関する相互条約であるリオ条約第4条に記された条約の適用範囲に基づいて、非核地帯の適用範囲に関する最終合意が成された[14]。さらに同会議では、第2回協議でも議題に上った平和目的と軍事目的の核爆発の区別に関する具体的な協議の場が持たれることとなる。トラテロルコ条約の履行に当たっては、第28条の留保の禁止（条文に書かれている項目に関しては無条件に受け入れる）に関する話し合いが持たれた。留保の禁止に関しては、地帯内のすべての国と核兵器国による同意を取り付けなければ条約の形骸化につながることが懸念される。

　ラテンアメリカの大国であるブラジルとアルゼンチンは、一貫して核兵器国からの軍事的、政治的自由を強く求めている。具体的に核兵器国は、非核地帯条約の当事国に対して核兵器の使用または使用の威嚇を行わないという明確な保証を、条約の発効する以前から確約を得ることに熱心であった[15]。ブラジル、アルゼンチン両国はその引き替えに軍事的、政治的自由の獲得を模索した。まずは第2回の会議において、核兵器国による消極的安全保証を取り付けることを両国は求めている[16]。特にブラジルは消極的安全保証を第3回の会議以降求めていることから、これはアルゼンチンを意識した対応であると考えられる。第4回会合の終盤では、非核地帯条約の適用範囲内を、核兵器が搭載された艦船や航空機が通過することを認めるかどうかについても議論となった。なぜこのような問題が生じるかというと、トラテロルコ条約の適用範囲には公海や国際航路が含まれており、公海は自由に通行する権利が認められている（公海自由の原則）からである。公海上の空についても同様の権利が認められている。また、非核地帯の趣旨からすると、締約国内の陸上はもとより、領海あるいは領空を核兵器が通過することは偶発的であれ、核爆発の危険にさらされることになるからである[17]。このような要求は、米国やソ連など核兵器国を中心に上がった。最終的には条文内には明記せずに各領

域国の自主的な判断に委ねることで決着した。

　実際に核兵器国からの消極的安全保証について規定された追加議定書Ⅱの署名時または批准時に、核兵器の輸送について当時の核大国であった米ソが特に言及した。米国は批准時の宣言の中で、トラテロルコ条約に加わっていない国家が保有する艦船や航空機が、自由に条約適用範囲内を通過することを保証すべきだと述べた。他方、ソ連は署名時の声明で準備委員会最終文書の解釈宣言に言及しつつ、「ソ連は、いかなる形態であれ核兵器の通過を許すことは条約の目的に反するであろうというその立場を再確認する」としており[18]、ソ連は核兵器を搭載している艦船や航空機が自由に通過することは、非核地帯の趣旨に反すると主張している。ソ連が米国をけん制しているのである。通過通航の問題に関してはその後の非核地帯諸条約の締結のさいにも問題となっているが、依然として核兵器国、域内国双方の主張が隔たっており、解決に至っていない。

　一連の文書に関しては、昼夜を分かたず議論を行って決議をまとめ、付随する文書を採択している。議事録には明け方5時まで議論を交わしたという記録が残っている。議論の展開が日単位で丁寧に記録されているので、トラテロルコ条約の締結過程に至るまでの議事に関する記録を今日でも詳細に知ることができる。さらに、これらの文書をたどることでラテンアメリカ諸国の意向はもちろん、国連の関与、あるいは核大国米国の意向などについても知ることが可能となっている[19]。

　最後の検討課題として、第四回会議の米国の公文書[20]から核兵器国から見たトラテロルコ条約に対する見解の意味するところについて考えてみたい。同公文書にはまず、トラテロルコ条約の署名が開始されたという事実とともに、開始された直後に署名しなかった国家の一覧が挙げられている。本会議で話し合われた項目として、先に挙げた通過通航の問題と平和目的による核爆発がある。第一の通過通航に関しては国際法の

第2章 非核地帯の誕生

原理原則 (principles and rules of international law) に従って取り扱われることを締約国が理解すると記されている。第二の平和目的による核爆発の問題については解決するのが最も難しい問題である (the most difficult issue to resolve) と記されている。逆に原子力発電所を建設することは容認することも確認している。そしてブラジルの核開発についても触れている。ここでは議長を務めたガルシア・ロブレスは、平和的核爆発について核兵器を製造する方向に進んでいくものは容認することができない (peaceful uses nuclear energy could not under treaty lead to weapons capability) と述べた。同文書にはトラテロルコ条約を運用する組織のあり方についても記されており、この中ではメキシコが主張するような形式的な組織ではなく、実質的な組織とすることで合意した。そして後半部には、条約の適用範囲、発効、付属議定書Ⅰ、領域の定義、IAEAとの関係、特別査察、NPTや他地域への影響など、多岐にわたって記されている。最後に米国政府の見解として、アフリカに非核地帯を創設することには意義があるが、中欧には西洋諸国を防衛するための選択肢の1つとして核兵器を配備することを念頭に置いている米国が、安全保障上の観点から相応しくない、と主張した。この主張の背景には、アフリカと同様にラテンアメリカに核兵器が存在しない方が米国にとって安全保障上の利益になるとの思惑がある。

上記公文書からすると、米国の自国の安全保障にとって不利な事項（例えば通過通航など）に関しては国際法の原理原則という形で権益を保持しようとする一方で、自国にとって有利な分野（核兵器のない地帯という定義など）に関しては基本的に容認している、という一貫した姿勢を読み取ることができる。こうしたことから、核兵器国の意向が非核地帯の創設に大きな影響を与えている[21]。

適用範囲の中にトラテロルコ条約を締結するきっかけを作ったキュー

バを含めることに関連して、米国がキューバ国内に保有するグアンタナモ基地の取り扱いをどのようにするのかという点にも、米国のトラテロルコ条約の締結を支持した意図がうかがえる。それは、グアンタナモ基地をトラテロルコ条約の適用範囲とすることを認めることと、キューバがトラテロルコ条約の締約国となることを引き換え条件として提示している点である。これは米国のみならずラテンアメリカ諸国も望んでいることであり、議長のガルシア・ロブレスも交渉過程において重視した点であった[22]。

初の非核地帯——誕生の意義

トラテロルコ条約は、2002年10月のキューバの批准をもって域内全ての国家が条約への署名・批准を終えている。締結に至るまでにはブラジル・アルゼンチンの核開発疑惑やキューバの条約への署名・批准の拒否があったが、条約域内国全てが条約への署名・批准を終えた一番の要因は、冷戦の終結によって核兵器保有の必要性が著しく低下したことが挙げられよう[23]。さらに上記3カ国がトラテロルコ条約に署名・批准を行ったことにより、ラテンアメリカ諸国内の信頼醸成の強化へと繋がった。

トラテロルコ条約の締結過程における特徴については、以下の4点に集約される。第一に条約を締結するための域内関係国の強い結束が必要となった。具体的にはラテンアメリカにおける地域主義、とりわけ経済統合に関する視点である。ラテンアメリカの地域主義においては、「協調の力学」と「対抗の力学」の相克が見られる[24]。ここでいう「協調の力学」とは、地域内の共通の諸課題に対して協調して取り組むことを指し、もう一方の「対抗の力学」とは、ブラジルとアルゼンチンの長年に渡った対立に象徴されるように、国家間の対立を指す。ラテンアメリカ

第 2 章　非核地帯の誕生

諸国が1つのまとまりをもって、地域共通の利益、具体的には経済発展、政治の安定、安全保障、国際社会における影響力の維持を追求するための手段として、「協調の力学」が機能する。さらに民主主義の定着や貧困の根絶など、ラテンアメリカ諸国が抱える課題には共通点が多いことから、こうした問題を解決に導く手段として地域共同体の設立が求められた。次いで国際機関とりわけ国連が、トラテロルコ条約の締結に対して総会決議などを通して積極的に後押しを行い、条約締結にこぎつけられるような支援を行ったことが挙げられよう。第三に、非核地帯に関する基本的な枠組みが1950年代の中東欧非核兵器地帯構想の際に議論され、その成果が反映されていることである[25]。最後に、非核地帯の根幹をなす、第1章で確認した3つの構成要素をいかに機能させるかということに条約締結の力点が置かれたことが、結果的に条約の締結へとつながったという経緯がある。この経緯について、藤田久一は以下のように評している[26]。

　　トラテロルコ条約体制は、ラテンアメリカ諸国の一種の連帯性の表明である。……他の非核兵器地帯構想の対象地域と異なり、この大陸が東西対立の焦点でないこともその成立に有利に働いたといえよう。さらにラテンアメリカの多くの国は核兵器保有の手段も意思ももっていないことがこの条約の作成を促したともいえよう。内容的にはNPTと共通性が多いとはいえ、核兵器国によるラテンアメリカ諸国への核兵器の持込み禁止（ただし「通過」の議論は別として）や核兵器国の法的文書（議定書Ⅱ）による非核地帯の尊重の保障（核兵器国の声明や解釈宣言の内容には問題はあるが）といった点はNPTにみられない長所である。そしてなによりもNPTが超大国間のバランスおよび核兵器国と非核兵器国間の差別に基づいた発想によっているのに対し、トラテロルコ条約は中小の非核兵器国からの非核により安全保障

と発展を追求する発想がその基礎にあることに、大きな相違がみられる。条約前文にあるように、この条約は核非武装化に貢献するとしてもそのことが究極的目的ではなく全面完全軍縮達成の手段として認識されていることが重要である。

　藤田の上記指摘にもあるように、NPTよりも核不拡散あるいは核軍縮に関するはるかに厳格な条項を盛り込むことができたという点で、先駆者としてのトラテロルコ条約の果たす役割の重要性を見出すことができる。
　このような地域的軍縮条約の鍵を握るのが、条約の実効性を確保するために必要不可欠な関係国からの協力であろう。トラテロルコ条約の場合は具体的には米国からの支持をいかにして確保するかという点である。さらには当時、ソ連陣営に位置していたキューバをどのようにしてこの協議に取り込むかということも重要であった。結局のところ、キューバをトラテロルコ条約の署名開始時点では取り込むことができず、キューバの署名は冷戦終結を待たなければならなかった[27]。また、ラテンアメリカに非核地帯が創設されること、すなわちトラテロルコ条約が締結されることは、少なくとも核兵器の防衛に投じる国家予算を他の必要な分野に投入することができるという点でも有意義であるといえる[28]。
　キューバを除くラテンアメリカ諸国が活用しているのが、米国、カナダを始めアメリカ大陸のほぼすべての国が加盟している米州機構（OAS）である。OASは条約締結のための交渉のためのテーブルとして活用が検討されたものの、キューバが加盟していなかったがために、断念した。現在もOASは基本的にはトラテロルコ条約の運用のための話し合いのテーブルとはなってはいないものの、トラテロルコ条約のもつ非核という主旨については総会や常設理事会において決議が採択されており、米国を含めた米州諸国が高く評価している[29]。

トラテロルコ条約が抱える今後の課題について整理しておきたい。まずは1992年の改正により、OPANALからIAEAに検証措置の大半が移ったことによる影響が生じている。IAEAの行う査察と非核地帯条約の運用上で行う査察とでは、明らかにOPANALが行う検証措置の方が厳しいものとなっていた。IAEAに運営主体が移ったことにより、検証措置の実効性の低下に対する懸念が生じる。

　もう一点課題を挙げるとするならば、トラテロルコ条約には条約の終了に関する規定が存在しないという点である。トラテロルコ条約第31条には、条約の有効期限や廃棄について以下のように規定されている。

　第31条（有効期限・廃棄）
　　1　この条約は、永久的性格を有し、無期限に効力を有する。但し、いずれの締約国も、条約又は付属議定書Ⅰ及びⅡの内容に関連する事態で一又は二以上の締約国の至高の利益並びに平和及び安全に影響を及ぼすものが発生しており又は発生するおそれがあると認める場合には、事務総長に通告することにより、この条約を破棄することができる。
　　2　廃棄は、事務総長に対し関係署名国政府が通告を行った後3ヶ月で効力を生ずる。事務局長は、その廃棄通告を、他の締約国に対し並びに国際連合安全保障理事会及び国際連合総会の情報のため国際連合事務総長に対し、直ちに通報する。事務総長は、また、その廃棄通告を米州機構事務総長にも通報する。

　上記条文を見ると、いくつかの締約国が条約を廃棄する場合を想定して条文が構成されている。第31条第1項冒頭にあるように、本条約は永久的性格を有し、かつ無期限の効力を有するものとされている。しかしながら条約の効力発生（第29条1項）[30]には、同項のaからdまでの4項目に

該当する当事国すべて（ラテンアメリカ及びカリブ地域諸国、核兵器国［米・露・中・英・仏］と域内に属領を持つオランダ）による署名及び批准が必要とされる。

　トラテロルコ条約第31条には、条約適用域内の多数の締約国が条約を廃棄することにより条約の形骸化を招き、これにより条約の実効性が大きく減退することを回避するという目的がある。トラテロルコ条約に関しては周辺の安全保障環境の変化に大きく影響され、特にトラテロルコ条約が機能するために欠かすことのできない国家が条約を破棄する事態になれば、新たな核兵器国が現れる可能性が高まり（条約の破棄は核兵器の保有を前提として行うのが一般的である）、深刻となる[31]。さらに第29条第4項には新たな核兵器国が出現した時には条約を一時停止する旨の規定がなされており、これは特にそのような国家に対する消極的安全保証を強く求めるための規定であると解せられよう。核のない地帯を保持するという決意を法的に明確に示すという意味において、トラテロルコ条約はその後に締結された諸条約のリーダー的な存在として、重要な役割を担っている。特に検証制度については今後の軍縮措置における検証機関の先例としての影響を与えており、条約の運用機関であるOPANALは軍縮以外の条約における義務の遵守を検証するための地域機関の先例ともなりうる[32]とともに、ポスト冷戦期においてもその役割を果たしている。具体的にはトラテロルコ条約の締結以後に締結された他の非核地帯諸条約の交渉に際してはOPANALから要員を派遣し、2005年に初めて開催された5つすべての非核地帯条約締結国が一堂に会した非核地帯国会議で中心的な役割を担うなどしている点に現れている。

　黒澤も指摘するように、非核地帯は核不拡散体制の強化に貢献し、核兵器の軍事的、政治的有用性の低下へと導く概念として確立している[33]。非核地帯の創設に際し、「核からの自由」という理念はその地

第 2 章　非核地帯の誕生

域の平和と安全の一層の強化につながるという認識がポスト冷戦期に当たる今日も継承されており、核兵器国による核抑止に対抗する手段として、その重要性は高まっている。特に本章で考察の対象としたトラテロルコ条約においては、キューバ危機で目の当たりにした核戦争に巻き込まれる危険性の回避をはかるとともに、ブラジル、アルゼンチン両国のトラテロルコ条約への加盟までの動きに見られるように軍事的、政治的な自由を獲得するための手段ともなっていることから、その意義は大きい。そして、「核からの自由」という理念とそれに付随する軍事的、政治的自由の獲得という明確な目的が、他地域の非核地帯創設の原動力ともなったのである。さらに非核地帯の「核からの自由」という理念が地帯の拡大により継承され発展することにより、ポスト冷戦期において課題となっているテロリストに代表される非国家主体への核の流出を防止する有効な措置となることが期待される。

国連と軍縮

国連は1945年の発足以来、核軍縮・核不拡散に対して積極的に取り組んでいる。国連総会第1号決議では、核軍縮が国連の最優先目標として掲げられた。軍縮や国際安全保障に関する問題を定例で協議する場として「国連第一委員会(軍縮・国際安全保障問題)」が設けられるとともに、総会の枠外で特定の問題について重点的に掘り下げて、主にスイス・ジュネーヴにて協議する「国連軍縮

ニューヨーク国連本部総会議場(著者撮影)

〔出所〕外務省HP
〈http://www.mofa.go.jp/mofaj/press/pr/wakaru/topics/vol134/index.html〉

国際連合欧州本部（スイス・ジュネーヴ）
（著者撮影）

国際連合欧州本部中庭
（スイス・ジュネーヴ）（著者撮影）

委員会」が別に設けられている。核兵器をはじめとした武器を使用した紛争に関わる問題は、国家対国家の問題というイメージが強い。だが、実際に犠牲になるのは、女性や子どもなど社会的弱者である。そこで国連は、軍縮問題と社会的弱者に対する支援を関連付けながら軍縮の必要性を訴えている。

　国連は、社会的弱者を救済するためのプログラムを数多く手がけている。中でも国連が掲げる持続可能な開発は、2000年の国連ニューヨーク本部にて開催されたミレニアム・サミットで「国連ミレニアム宣言」として採択され、8つの目標が掲げられた。それは、①極度の貧困と飢餓の撲滅、②初等教育の完全普及の達成、③ジェンダー平等推進と女性の地位向上、④乳幼児死亡率の削減、⑤妊産婦の健康の改善、⑥HIV（エイズ）、マラリア、その他の疾病の蔓延の防止、⑦環境の持続可能性確保、⑧開発のためのグローバルなパートナーシップの推進、である。これら8つの目標は、人が人として生きていくために欠かせない最低限の要素である。2015年を目処にこれら諸原則の達成に向けた取り組みが国連を中心に展開された。

　上記8つの目標を土台として、2016年から2030年の次の15年に向かって

第2章 非核地帯の誕生

取り組むべき施策が、「持続可能な開発のための2030アジェンダ」として17項目にわたって掲げられている。その第16項目目には「平和、正義、有効な制度」とあり、この中には軍縮も含まれる。国連を中心にこれら施策に積極的に取り組むことによって、女性や子どもの地位向上を図るとともに、地球環境の保全、さらには核廃絶に向けた不断の努力が地球市民である私たちには求められている。

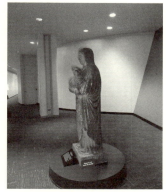

聖アグネス像（ニューヨーク・国連本部）
長崎に投下された原爆により、背中や顔を中心に焼け跡が残っている（著者撮影）。

1　ポール・G・ローレン、ゴードン・A・クレイグ、アレキサンダー・L・ジョージ著、木村修三、滝田賢治、五味俊樹、高杉忠明、村田晃嗣訳『軍事力と現代外交 — 現代における外交的課題 原書第4版』有斐閣、2009年、118〜121、245〜256頁。八木勇『キューバ核ミサイル危機1962』新日本出版社、1995年。
2　ポール、ゴードン、アレキサンダー『前掲書（注1）』119頁。
3　安全保障上のジレンマ、いわゆる囚人のジレンマと呼ばれるものである。核抑止力論と関連した概念である。
4　ポール、ゴードン、アレキサンダー『前掲書（注1）』120〜121頁。
5　米ソ両国の核兵器を巡る争いは、1980年代初頭のソ連・フルシチョフ書記長の頃に再燃した。その後、ゴルバチョフに政権が移り、市場経済化などの改革が進むにつれて求心力を失い、ソ連邦は崩壊に至る。
6　アルフォンソ・ガルシア・ロブレスの自伝として、Alfonso Garcia Robles, Translated by Marjorie Urquidi, *The Denuclearization of Latin America*, Carnegie Endowment for International Peace, 1967.がある。また、ロブレスの活躍全般については、木下郁夫『賢者ガルシアロブレス伝 国連憲章と核軍縮に取り組んだ外交官』社会評論社、2015年を参照。
7　黒澤満『現代軍縮国際法』西村書店、1986年、36〜37頁。
8　Mónica Sarrano, *Common Security in Latin America - The 1967 Treaty of Tlatelolco*, Institute of Latin American Studies University of London, 1992, p.5.

9 藤田は条約締結のための準備委員会であるCOPREDALが設置された契機として、次のような点を指摘する。具体的にはラテンアメリカに非核地帯を創設するにあたり注目されたのが、核兵器を保有しようとしたキューバの対応であった。キューバはプエルトリコ、パナマ運河一帯の非核化と共にグアンタナモ米軍基地の撤去をも要求した。そして、キューバの参加がもたらした影響について「国連という枠は地域的条約の交渉に広すぎるとみられた。米州機構（OAS）については、そこからキューバが除外されていたし、また同機構におけるアメリカの支配的影響力のため、ラテンアメリカ諸国間条約の作成には望ましくないと」し、上記の経緯からOASとは別の協議機関を設置したとする。詳細については、藤田久一『軍縮の国際法』日本評論社、1985年、232頁を参照。
10 ABACCはブラジル・アルゼンチン両国とOPANAL、そしてIAEAの4者で組織されている。
11 黒澤満「非核兵器地帯と安全保障 ラテンアメリカ核兵器禁止条約付属議定書Ⅱの研究」『法政理論』新潟大学法学会、第12巻第3号、1979年、114〜115頁。
12 Sarrano, *op. cit.* (note 8), pp.29-30.
13 本会議の最終決議文として、COPREDAL/76（1967年2月14日採択）が決議されている。同決議にはトラテロルコ条約の原文も合わせて掲載されている（pp.16-42）。
14 See The Zone of application would then extend south of parallel 30° North (with the exception of the territory and territorial seas of the United States).
15 黒澤「前掲論文（注11）」114〜117頁。
16 黒澤「前掲論文（注11）」116頁。
17 藤田『前掲書（注9）』235頁。
18 藤田『前掲書（注9）』235頁。
19 一連の文書には会議が開催される前後のものもあり、これらを分析することにより、各国代表のさらに詳細な発言を垣間見ることができる。議事録の一覧については1966年8月25日にCOPREDAL/S/25として採択された後、1967年1月30日に第一追加文書（COPREDAL/S/25 Add.1）が、1967年2月28日には第二追加文書（COPREDAL/S/25 Add.2）が出されている。この第二追加文書の一覧の最後が最終決議文となっている。
20 同文書は1967年2月18日に米国国務省から出された電報の文書である。1967年当時は秘密扱い（CONFIDENTIAL）とされていた文書である。
21 本書では米国の立場を中心に考察を行ったが、対するソ連はラテンアメリカに非核地帯を創設することには極めて否定的であった。その理由としては

キューバの立場を尊重することが大きい。トラテロルコ条約の交渉が行われた1960年代、キューバはソ連と同じ社会主義体制をとっていた。米国との間では1962年にキューバ危機が起き、核戦争の危機が高まった。キューバ危機以降も米国との関係は経済制裁を受けるなど、あまり良いものではなかった。このような現状を見て、キューバとの関係を重視していたソ連は、キューバから米国の核攻撃にさらされる危険を除去するための安全上の保証がなければ、非核地帯の創設が逆にキューバを危険にさらすと考えた。具体的にソ連は、パナマ運河を米国の核兵器搭載艦船が通過することや、グアンタナモ米軍基地内に核兵器が持ち込まれる危険性を除去することが、非核地帯創設の条件だと、米国をはじめ関係国に要求した。詳細については、黒澤「前掲論文（注11）」140〜147頁を参照。
22 　木下『前掲書（注6）』120〜122頁。
23 　浦部浩之「ラテンアメリカにおける核問題と地域安全保障　核をめぐる対立・協調とトラテロルコ条約」金沢工業大学国際学研究所編『核兵器と国際関係』内外出版、2006年、111〜131頁。
24 　浦部浩之「ラテンアメリカにおける地域主義　国家の道具としての地域主義」『国際政治経済学研究』筑波大学国際政治経済学研究所、2001年、21〜33頁。
25 　Alyakasandr Sychou, "Status of the Initiative to Create a Nuclear-Weapon-Free Space in Central and Eastern Europe" Pericles Gasparini Alves and Daiana Belinda Cipollone ed., *Nuclear-Weapon-Free Zones in The 21st Century*, United Nations Institute for Disarmament Research, 1997, pp.65-79.
26 　藤田『前掲書（注3）』237〜238頁。
27 　キューバは1995年に署名し、2002年に批准を終えている。
28 　非核（兵器）地帯の創設による軍事予算の削減について、トラテロルコ条約の署名が行われる数ヶ月前の国連総会決議2286(ⅩⅩⅡ)にも同趣旨の記述がある。決議文の第1項には次のように記されている。「ラテンアメリカにおける核兵器を禁止するための条約は核兵器の拡散を防止するため、そして国際的な平和及び安全の保証という効果に対して歴史的な意義のある出来事として刻まれるとともにラテンアメリカ諸国の権利として人民の経済的、社会的発展を加速するために核エネルギーを平和的手段であることを証明することにより使用することを認めるものとして特別な喜びをもって歓迎する」。
29 　トラテロルコ条約締結30周年を祝う決議が常設協議会で出されている(CP/RES. 693(1101/97) 29 January 1997)。その一説に「OAS憲章に南半球の平和と安全保障を強化するための機構にとって必要不可欠な目的の1つとして」同条

約が位置付けられるとしている。さらにトラテロルコ条約の運用組織の強化に向けた決議がOAS創設以来、毎年なされている（例えばAG/RES. 2104(XXXV-O/05), AG/RES. 1414(XXVI-O/96), AG/RES. 1355(XXV-O/95)など）。AG/RES. 2104(XXXV-O/05) では、2005年4月に開催された非核地帯国会議についても言及している。さらにOPANALの機能強化の重要性についても決議している。

30　トラテロルコ条約　第29条（効力発生）
　1　この条約は、2の規定が適用される場合を除くほか、次の諸要件が満たされた時、これを批准した国の間で直ちに効力を生ずる。
　(a)　第26条に規定する国でこの条約が署名のために開放された日に存在し、かつ、同条2の規定によって影響を受けない国の政府による寄託国政府への批准書の寄託
　(b)　この条約の適用範囲内にある領域に対し法律上又は事実上の国際的な責任を負う大陸外又は大陸内のすべての国によるこの条約の付属議定書Ⅰの署名及び批准
　(c)　すべての核兵器保有国によるこの条約の付属議定書Ⅱの署名及び批准
　(d)　第13条の規定に基づく国際原子力機関の保障措置の適用に関する二国間又は多数国間の協定の締結
　2・3（略）
　4　この条約がその適用範囲内のすべての国について効力を生じた後に新たな核兵器保有国が出現した場合には、1(c)の要件を放棄することなしにこの条約を批准した国で条約の実施を停止するよう要求するものについては、この条約の実施が停止される効果を有する。この場合において、この条約は、その新たな核兵器保有国が自己の発意により又は総会の要請に応じて付属議定書Ⅱを批准するまでの間、引き続き停止する。
　条約の破棄に関しては事情変更の原則(clausula rebus sic stantibus)〔条約法条約第55条〕を認めるべきであると主張する論者が優勢だが、条約の義務を逃れるための口実として乱用される可能性があることからこれを認めるべきではないとする反対意見もある。田畑茂二郎『国際法新講（上）』東信堂、1990年、360～361頁。
31　黒澤満「軍縮関連条約における検証」『阪大法学』通巻96、1975年12月、191～199頁。
32　黒澤満『軍縮国際法』信山社、2003年、292頁。

第 3 章　非核地帯は本当に役に立つのか
―非核地帯の真の役割とは―

　これまでも見てきたように、現代世界の核兵器を巡る動きは混迷の様相を呈している。冷戦期には核不拡散条約（NPT）を軸に据え、大国を中心とした核軍縮・核不拡散体制の構築こそが最終的には核兵器廃絶、さらには世界平和につながるのだという目標の下に国際社会は団結し、新たな核兵器国が誕生しないように努めてきた。しかしながら、1960年代から70年代にかけて、インド、パキスタンおよびイスラエルが事実上の核兵器国となった。冷戦が終結した1990年代以降にも、北朝鮮、イランなど新たな核兵器国が誕生しようとしている。そして今日では、核兵器関連技術の革新により、テロリストなど国家以外の組織が核兵器を保有するのではないかとの疑念すら抱かれている。現在は核兵器を保有するアクターの多様化・多元化により、核兵器の削減、さらには核兵器廃絶に向けた確たる道筋が見えない状況となっている。まさに、核軍縮・核不拡散体制が無秩序化し、混迷の様相を呈している所以である。そのような中で非核地帯はどのような役割を果たすことができるのか、第2章で取り上げたトラテロルコ条約の締結に向けた諸国の攻防に引き続き焦点を当てて考えたい。

核兵器の非人道性

　NPT体制は、冷戦期においては核兵器国が核兵器を保有する権利を

認める代わりに非核兵器国は原子力発電を中心とする核の平和利用を認めるという相互関係が成り立っていた。非核兵器国の中には核兵器国が核兵器を独占することに不快感をあらわにする向きもあったものの、核兵器国が増えることで核兵器が現実に使用される危険性が高まることを防ぐことができるのではないかとする期待感も同時に高まっていた。よって、核兵器国と非核兵器国の双方ともに「核不拡散」という規範を守ることが重要だとの結論で一致していた。しかしながら、冷戦体制崩壊後、とりわけ2011年の福島第一原子力発電所の放射性物質拡散事故を契機として非核兵器国が得ることのできる利益（核の平和利用）の安全性が揺らぐ半面、核兵器国による核兵器を手放さない姿勢が明確となる中で核兵器国と非核兵器国との間に大きな不均衡が生じた[1]。さらに、福島原発事故による惨害は原子炉が廃炉になるまでに数十年かかり、しかも世代を超えて周辺環境に多大な影響をもたらすことが明らかとなり、その非人道性が改めて世界的に共有されるようになった。

　核兵器の非人道性については、国際司法裁判所（ICJ）において基軸となる判決がいくつか出されている。1970年代には、フランスのムルロワ環礁における相次ぐ核実験の差し止めを求めてオーストラリアとニュージーランドがICJに提訴した。しかしながら、南太平洋でのフランスの核実験は1990年代初めまで続いた[2]。そのような中で締結されたのが、ラロトンガ条約（南太平洋）である。

　1990年代に入り、ふたたび核兵器の非人道性を前面に出して争う訴訟が相次いでICJに提起された。とりわけ1996年に出された核兵器の合法性に関する勧告的意見（国内裁判における判決のようなものと考えて差つかえないが、絶対的な拘束力がないという点で判決とは異なる）[3]の判旨は、核兵器の使用は一般的には違法であるが、国家の存亡をかけた喫緊の状況に関してまで制限することはできない、とするものであり、極限状態

における核兵器の使用に対しては余地を残すとなっている[4]。このような判断に対しては非核兵器国を中心に反発の声が上がった。

　21世紀に入り、米国のオバマ大統領がプラハでの演説で歴代アメリカ大統領としては初めて「核なき世界」を核大国アメリカが主導していくとの発言をし、世界が注目した[5]。その直後に実際にロシアとの間では、両国ともに戦略核兵器を2002年に締結されたモスクワ条約で定めた2,200発から1,550発にまで削減する新START条約を締結し、核弾頭数の確実な削減に向けた動きが加速している。しかしながら米国は、より高性能の新型核兵器の開発に引き続き取り組んでおり、そこに核兵器を簡単には手放せない米国の姿勢を見て取ることができる。

　核兵器の非人道性は、死刑制度の廃止に関する議論と類似性が認められる。日本では死刑制度が存続しているが、その大きな理由の1つに凶悪犯罪に対する抑止効果を求める声が大きい。同様に、核兵器についてもひとたび使用すれば甚大な被害が発生する可能性が高いので、そのようなリスクは回避する方が適当である、という抑止が国際紛争を起こそうとする国を増やさないためには重要だとの声が核兵器国から聞かれる。死刑制度と核兵器の保有のいずれにも、生命を盾に取ることこそ平和構築や安全安心への第一歩だとする思想が底辺にある。そこには、罪を犯したものは罰で対処するしか手段がないとする因果応報論が根強くあるわけであるが、中東情勢では、イスラエルの核兵器の保有に対して、敵対するイランが核兵器の保有で対抗するなど、負の連鎖が起きている。したがって、核兵器という劇薬に頼らない手段への転換こそが、今後の平和維持実現には欠かせないものになることは、誰もが疑わないところであろう。

ブラジルが核開発に固執した理由

　トラテロルコ条約の締結に際しては、南米で互いをライバル視していたブラジルとアルゼンチンをいかにして条約国として取り込むのかという点に、議長であるメキシコの元外相ガルシア・ロブレスは注力した。ところがもう1つの大国ブラジルは、1960年代後半のメキシコと核軍縮に関して正反対の対応を取っていた。メキシコは、キューバ危機によってアメリカとソ連の核戦争に巻き込まれることを回避するために、ラテンアメリカに非核地帯を創設するための主導権を一時はとった。一方でブラジルは、核関連物質の平和目的の利用権の獲得に執着し、非核地帯を創設することに手を貸さなかった。なぜなら、ブラジルは電力不足に悩まされており[6]、原子力発電は電力不足解消の救世主であったからである。さらに、原子力発電技術を確立するとともに国力を増強するためにはNPTでは非核兵器国には禁止されている核爆発実験を含めた開発活動が必要不可欠であるとブラジルは考えていた。ブラジルにとっては、原理的に同じである原子力発電と核兵器の開発を同時に進められるという点では一挙両得であった。したがって、ブラジルは1990年代になってようやくトラテロルコ条約、さらにはNPTに署名、批准したといういきさつがある[7]。

　一方で条約交渉の中心にいたメキシコは、ブラジルのトラテロルコ条約への署名に向けて一定の譲歩を示した。それが、トラテロルコ条約第18条に記されている「平和的目的のための爆発」という条項である[8]。同条第1項には、「締約国は、この条及びこの条約の他の規定……に従うことを条件として、平和的目的のための核装置の爆発を行うことができる」とある[9]。この規定を設けることにより、ブラジルの核関連技術の開発の権利を認めた上でブラジルのトラテロルコ条約への署名を促し

たのである。しかしながらブラジルは、特に米国がブラジルの平和目的核爆発を核兵器開発への第一歩ととらえて実力行使に出るのではないかと考えて、トラテロルコ条約とNPTのいずれにも加盟しなかった。

　ブラジルは1980年代後半までは軍政が敷かれており、軍政下にあった技術者集団が核兵器の開発に熱心であった。それが1980年代の後半に入って民政へと移行し、軍事関連予算が大幅に縮小されたこともあって核開発計画の継続が難しくなった。最終的には、長年ライバル視してきたアルゼンチンとともに核開発が行われていないかどうかを相互に監視するために、アルゼンチン・ブラジル核物質計量管理機構（ABACC）を設立することに合意し、IAEAによる査察も受け入れたことからブラジルは結果的に国際的な核不拡散体制へと組み込まれることになる。

ブラジルによる電力政策の転換

　ブラジルは、国内で消費される電力の8割余りを、アマゾン流域に設置したダムを使用した水力発電を中心とした自然エネルギーで賄っている[10]。したがって、降水量の減少などの環境の変化に柔軟に対応できず、電力の安定供給は難しいため、電力需要に応えるためには安定した供給源の確保が必要であった[11]。そこでブラジルが目を付けたのが、原子力発電であった[12]。原子力発電の技術と核兵器開発技術には共通している部分が多いため、外部から見ると原子力開発のための実験が核兵器開発のための実験と勘違いされる可能性がある。そこでブラジルは平和利用に限定する形で核実験を容認するよう、第2章で取り上げたトラテロルコ条約の締結に向けた準備委員会（COPREDAL）にて初期の段階から求めている[13]。

　ブラジルは、COPREDAL第1会期（1965年3月15日～22日）中に開催さ

図3-1　ブラジルの電源別設備構成比[14]

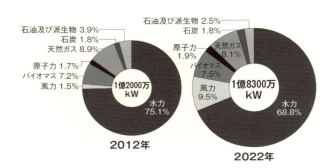

［出所］「世界はいま BRAZIL ブラジルのエネルギー政策」
関西電力広報室『躍』20号（2013年12月）、45頁。

れた委員会の中で、核の平和利用について以下の二点について意見を表明している（COPREDAL/AR/6[15]）。一点目はアルゼンチンと共同で核の平和利用に関する研究を行い、IAEAなど関連する国際機関と連携していくことが重要であることを提案している[16]。もう一点は、部分的核実験禁止条約（PTBT）で核爆発禁止の対象外となった地下核実験も含めて核爆発全般の有効活用について検討を行う必要性を指摘している[17]。

ブラジルは1960年代に急速に核関連技術の開発を進めたのだが、先にも述べたように軍事利用としての核兵器開発と平和利用としての原子力開発は表裏一体であると考えられる向きが強い。そのような意味においては、現在核開発で論議を呼んでいる北朝鮮やイランなどについても、その真意を見極めながら適切な対応を取っていくことが国際社会には求められている。

さらに表3に見られるように、これまでの非核地帯が創設されるに至った契機はいずれも核兵器、あるいは核実験による惨害が非核地帯諸国共通の課題として認識されたことが大きい。しかしながら、身近に核戦争

第3章 非核地帯は本当に役に立つのか

の危機にさらされながら非核地帯の創設に至っていない地域があるのも事実である。2010年のNPT再検討会議では、中東に核兵器のみならず大量破壊兵器（WMD）すべてを排除した地帯を創設するための会議を2012年に開催することが決議された[18]が、昨今のシリアやイランをめぐる情勢に見られるように中東を取り巻く国際情勢は悪化の一途をたどっており、開催の見通しは立っていない。それどころか、2015年のNPT再検討会議の最終文書の採択が決裂した直接の原因が、中東に核兵器のみならず化学、生物両兵器を含めた、非大量破壊兵器地帯の創設であった。現在、非核化の進んでいない地域について、特に核兵器保有の可能性がある国家に対しては、核兵器保有計画の是非について議論する前に、なぜ核兵器を保有しようとしている国家がそのような方途へと突き進むのかといった諸要因をつかむための情勢分析を行い、そこで明らかになったことを基に、先に挙げたブラジルの核開発放棄に見られるような具体的な打開策について包括的な検討を行うことが必要となっている。

表3 非核地帯諸条約と締結の契機となった出来事

非核地帯条約	契機となった出来事
トラテロルコ条約（ラテンアメリカ）	キューバ・ミサイル危機
ラロトンガ条約（南太平洋）	フランスによるムルロワ環礁での核実験
バンコク条約（東南アジア）	ヴェトナム戦争
ペリンダバ条約（アフリカ）	中東戦争
セミパラチンスク条約（中央アジア）	ソ連によるセミパラチンスクでの核実験

対人地雷禁止レジームの形成

「核なき世界」に対する確かな道筋が見えない中で、メキシコは、

2014年2月に世界の核兵器廃絶に賛同する国家代表や市民代表を集めて核兵器禁止条約の締結に向けた国際会議を開催した[19]。非人道的な兵器の廃絶に向けた動きは冷戦終結後、加速している。カナダは1990年代に対人地雷禁止条約の締結に向けて主導的な役割を果たした。冷戦期に顕著であった、核大国と呼ばれる国家群が核兵器を巡る世界を主導していた時代から、ミドルパワー（中堅国家）と呼ばれる国家群が世界を主導していく時代へと、世界の力関係が大きく変容を遂げようとしている。このような時代背景にあって、核軍縮、核不拡散における主導的な条約とされるNPT、あるいは早期発効を目指すCTBTの今後の果たす役割とは何なのか、そしてNPT-IAEA体制に代わる新たな体制として地域的軍縮（非核地帯）の果たす役割とはどこにあるのだろうか。

　NPT再検討会議については、2015年の会議でさらなる核軍縮・核不拡散措置に向けた確たる指針が具体化することなく、停滞状況が続いている。CTBTに関しても、事実上の核兵器国を中心に条約の発効に必要な44か国（核兵器国及び核兵器保有が可能な技術を持った国々）のさらなる批准が見込めない状況が続いており、発効の見通しが立たない[20]。さらに、国連内に設けられた唯一の多国間軍縮交渉機関としてのジュネーヴ軍縮会議（CD）は、長年停滞状況が続いており実質的な成果に乏しい。

　NPT-IAEA体制は、国連システム、とりわけ米国あるいはロシアなど核兵器国の意向に沿って協議が進められ、当然のことながら核兵器国は核兵器の保有を堅持する方向で妥協点を見出そうとする。したがって、核兵器を「禁止」するという国際条約（核兵器禁止条約[21]）の成立は、核兵器を保有することが力を誇示するための前提として考える核兵器国としての「権威」の失墜にもつながるとの観点から、核兵器国は協議のテーブルにつく気配すらない。

図3-2 対人地雷禁止レジームの成立プロセス[22]

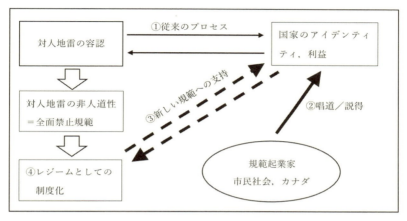

［出所］村田晃嗣ほか『国際政治学をつかむ【新版】』有斐閣、2015年、104頁。

　その一方で、核兵器とともに対人地雷の脅威がクローズアップされた。対人地雷は、その非人道性が冷戦期から叫ばれていたものの、長年にわたり廃絶に向けた協議にすら入ることができなかった兵器である。その対人地雷の全廃に対してあえて取り組んだのが、ミドルパワーとして力を発揮しているカナダである。対人地雷禁止条約の締結に際しては、加盟国の枠組みを最初に決めるのではなく、参加資格を示して賛同した国家が自発的に条約の締結に臨むという、「自己選択方式」が取られた[23]。この方式が採用されたことにより、地雷を使用する意思のある国家（地雷が必要だと考える国家群）が介入することによる不合理な条文の改変を免れることができ、最終的に対人地雷の使用を禁止するという理念を貫徹できるような内容の条約へと成熟させることができたのである[24]。

　オタワプロセスについて図3-2をもとに説明すると、冷戦が終結する1990年代までは、対人地雷を使用することは国際法上容認されていた（①）。その背景には、世界各地で頻発する地域紛争において、貧者の兵

器として対人地雷が有効に機能したからである。対人地雷は兵士を即死に至らしめる兵器ではなく、身体の一部損傷による苦痛を長期にわたって与え、負傷者を別の兵士が看護する必要性に迫らせることによって戦闘人員を減らし、戦闘を有利に進めるために開発された兵器である。

しかしながら紛争が終結した国家において、農作業などの日常生活で誤って地雷を踏んでしまい、重傷を負うという事件が散見されるようになった。そこで、一般市民に甚大な被害を及ぼす非人道的な兵器である対人地雷を禁止すべきだとする規範の確立に向けて賛同する規範起業家（取りまとめ役）[25]、市民社会、そしてカナダ、ベルギー、ノルウェー、南アフリカなどの国家群のみならず、国際的な非政府組織（NGO）である地雷禁止国際キャンペーン（ICBL）とも連携して国際社会を唱道/説得し（②）、対人地雷の使用は非人道的であり、そのような非人道的な使用は人間の尊厳を脅かすファクターであるとの規範を浸透させる（③）ことによって、対人地雷の禁止を国際社会の共通認識（国際人道法に反する行為である）を制度化する（④）ことに成功した。これは、1980年代以前の国際社会が形成していた対人地雷容認規範をマスコミや世論が突き動かしたという点で画期的であった[26]。

オタワプロセス成功の求心力となった対人地雷の非人道性を核兵器に応用する形で、メキシコを中心としたミドルパワーが掲げているのが核兵器の非人道性である。対人地雷禁止条約と同様に、核兵器の非人道性を認めた国家が一堂に会し、廃絶に向けた強い意思を表明することで核兵器のない世界を実現させるべく取り組みを強化している。

非核地帯とNPT-IAEA体制

このような地雷など通常兵器（実戦で日常的に使われる兵器）を含めた、

第3章　非核地帯は本当に役に立つのか

特に非人道性が認められる兵器全般の廃絶に向けた動きは、大国が実権を握っている国連システムの中から生み出すことが現状では困難だということについては前述したとおりであり、オタワプロセスの事例を見ても明らかである。地雷は敷設が比較的簡単で作りやすいという点において、大国もまたその手軽さから地雷を使用したいと考えている。それでは、核兵器廃絶にもオタワプロセスは生かせないだろうか。

核兵器廃絶に向けた現実的なプロセスを図3-3に示した。国連を中心とした核不拡散体制はNPT-IAEA体制がその土台にあり、非核地帯(NWFZ)はその土台を補完する立場だと考えられてきた。その背景には、核兵器国の「力」が常に幅を利かせていることがある。しかしながら、国連を中心とした核軍縮・核不拡散体制のこう着状況が続く中で、核兵器の廃絶に向けた具体的なプロセスは、オタワプロセスの事例を参考にするならば、むしろ核兵器による惨害を回避したいとする非核兵器国が主導権を握る方が現実的である。特に、核兵器をめぐる現状については地域ごとに置かれている環境が異なることから、非核地帯相互間の連携体制の

図3-3　軍縮体制をめぐる階層関係の変化

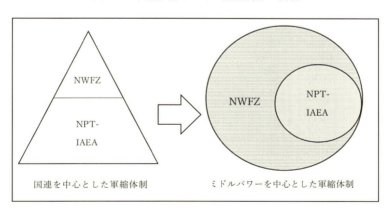

活用およびさらなる地帯の拡大により、核兵器廃絶に向けた包囲網が確実に形成されるものと考える。

　NPT-IAEA体制中心の核軍縮・核不拡散体制の構築には、大国（核兵器国）による力が及ぼす悪影響の方がむしろ大きい。よって今後は、図3-3に示したようにNPT-IAEA体制が前面に出るのではなく、非核地帯がNPT-IAEA体制を内包する新たな体制が構築されることが現実的である。例を挙げれば、セミパラチンスク条約では第6条に環境安全保証に関する条項が設けられている。これはセミパラチンスク核実験場から流れ出る放射能の惨害から逃れることこそ、核兵器からの真の自由、すなわち人間の安全[27]を獲得することができるからである。

　したがって、今後の核不拡散、そして核軍縮体勢の構築にも地域主義の流れが大きく反映されよう。非核地帯の拡大が大きな力となって、まずは、核兵器禁止条約の締結、そして核兵器廃絶へとつながってゆく方向へと国際社会は道筋を変えつつある[28]。

IAEAの役割／核兵器禁止条約

① IAEA（国際原子力機関）の役割

　IAEAの本部は、モーツァルト（Wolfgang A. Mozart）など世界的に著名な文化人を生み出したオーストリアの首都ウィーン郊外の国連都市内にある。国連都市の建物は曲線状の独創的な形をしている（写真参照）。IAEAは、1953年の国連総会におけるアイゼンハワー（Dwight D. Eisenhower）米国大統領による演説（「Atoms for Peace」演説）を直接の契機として設立される。IAEAは原子力の平和利用を促進するとともに、軍事転用の疑いのある国家の核関連施設の査察を行っている。

第3章　非核地帯は本当に役に立つのか

IAEA本部の入る国連ウィーン事務局の建物（著者撮影）

ウィーン国連都市の建物群のわきにある「平和の鐘」（著者撮影）

② **核兵器禁止条約**

　トラテロルコ条約の締結を主導したメキシコやIAEA本部を有するオーストリアを中心に、核兵器の保有や製造を禁止する国際条約の必要性を訴えている。核兵器禁止条約は、非核地帯諸条約で確保されている「核なき世界」を世界中に広げることを主旨としている。

　国連で核兵器禁止条約の締結に向けた協議を行う機関を設立するための採決が2016年10月に国連第一委員会（軍縮に関する専門委員会）で行われ、先に挙げたメキシコやオーストリアを中心に、国連加盟国の3分の2近い123カ国が賛成した。しかしながら、唯一の被爆国である日本は米国の核の傘による安全保障体制に依存しており、核兵器を禁止することは現在の国際情勢からすると早急であるとの理由で反対した。その後、同年12月の国連総会でも核兵器禁止条約の協議を開始することが採択された（次ページ表参照）。2017年3月より条約の具体的内容に関する協議が行われる。この協議には、核兵器の抑止効果に頼らざるを得ない国際情勢に対応するための現実的な措置を踏まえつつ、

「核兵器禁止条約」の交渉開始に対する各国の態度[29]

賛成（113ヵ国）
☆主に非核地帯化されている国家で構成

・オーストリア
・メキシコ
・アルゼンチン
・ブラジル
・スウェーデン
・南アフリカ
・イラン
・エジプト
・キューバ
　　など

反対（35ヵ国）
☆主に核兵器国と核兵器国の核の傘に依存している国家で構成

・米国
・ロシア
・英国
・フランス
・イスラエル
・日本
・カナダ
・韓国
・ドイツ
　　など

棄権（13ヵ国）
☆主に既存の核軍縮、核不拡散に関する条約の運用を見直すことなどといった問題点を指摘している国家で構成

・中国
・インド
・パキスタン
・オランダ
・フィンランド
・キルギス
・スイス
　　など

段階的に核兵器を廃絶する方向にもっていくべきだとする自国の立場を条約の内容に反映させることを目指し、一度反対に回った日本も参加する。

1　足立研幾「第17章　兵器ガヴァナンス」吉川元、首藤もと子、六鹿茂夫、望月康恵編『グローバル・ガヴァナンス論』法律文化社、2014年、230～243頁を参照。
2　冷戦中期に至る核兵器と国際人道法を巡る議論については、藤田久一「第Ⅱ章　核兵器と国際人道法　1977年追加議定書の適用問題」『核に立ち向かう国際法』法律文化社、2011年、77～113頁を参照。特に国際人道法上、「核兵器ぬ

第3章　非核地帯は本当に役に立つのか

き」が長年堅持されてきた要因として、「核兵器国（およびそれと同盟関係の「核のカサ」の下にある国）における核兵器の位置づけつまり核戦略と密接に関連しているからである、と考えざるをえないであろう。人道法の展開につれ核兵器使用可能の余地が挾められることから、核戦略上要請される"使える核兵器"との矛盾が増大することになるからである。かくして、とくに超大国の核戦略上の要請が人道法の形成や解釈にインパクトを与えようとする」（同110頁）昨今の核兵器を巡る転換点について指摘するとともに、核兵器国による力の支配に対する国際人道法上の限界を指摘している。

3　*Legality of the Threat or Use of Nuclear Weapons*, Advisory Opinion, I.C.J. Reports 1996, p. 226.
4　判決の中で、非核地帯諸条約に関しては地域内で核兵器の使用を明示的に禁止する条約として取り扱われている。なお、核兵器の非人道性に関して指標となる判決やICJ勧告的意見などを取り上げ、その特殊性について論じたものとして、廣瀬和子「第5節　核兵器の使用規制　原爆判決からICJの勧告の意見までの言説分析を通してみられる現代国際法の複合性」村瀬信也、真山全編『武力紛争の国際法』東信堂、2004年、424～459頁。同書では結論部で、核兵器の使用規制に関する言説の変遷の特徴とその課題について、「国際法上の構造上の問題点、すなわち国際法における実定法的側面と手続法的側面の未分化の問題である。核兵器の使用についてさらに明確な判断が示されるためには、国際法における実定法的側面と手続法的側面の分化が必要である」と指摘した上で、人道法的な観点からの議論の深化とともに、「自衛権行使のための、さらに広く国際社会の安全保障のための核使用の、国際法体系の中での位置づけを国際社会の合意をえられるかたちで求めていかなければならない」と、核兵器の兵器としての位置づけを形成するための国際社会における共通した合意を形成する必要性についても指摘している（いずれも454頁）。
5　オバマ大統領のプラハ演説の背景については、黒澤満『核軍縮と世界平和』信山社、2011年、21～35頁が詳しい。
6　ブラジルの電力事情については、浜口伸明「ブラジルの電力危機　供給サイドの諸問題」『ラテンアメリカ・レポート』Vol.18, No.2, 23～35頁。
7　ブラジルとメキシコの核不拡散体制の確立への道のりが大きく違った要因については、Arturo C. Sotomayor, "BRAZIL AND MEXICO IN THE NONPROLIFERATION REGIME-Common Structures and Divergent Trajectories in Latin America", *The Nonproliferation Review*, Vol.20, No.1, pp.81-105.

8 　非核地帯の平和目的核利用についての規定は、1961年発効の南極条約における議論がその素地となっている。池島大策『南極条約体制と国際法　領土、資源、環境をめぐる利害の調整』慶應義塾大学出版会、2000年、121～123頁。
9 　平和目的核爆発に関する国際機関の対応については、黒澤満「核兵器不拡散および非核兵器地帯の法的概念」『法政理論』第13巻第3号（1981年3月）、163～164頁に詳細がまとめられている。
10 　図3-1を参照。
11 　ブラジルの多元的エネルギー政策の全体像については、小池洋一「ブラジルのバイオ・エネルギー政策と社会的包摂」『立命館經濟學』第61巻5号（2013年1月）、910～925頁。エタノール燃料については、環境（代替エネルギーの開発）、雇用（貧困撲滅）の両面に有益だと評価している一方で、過大な耕作による環境破壊、さらには機械化による人員削減などの問題も発生しており、持続可能な開発のためにいかにして環境と人が調和していくかが問われている、と結論付ける。
12 　ブラジルの元外務省エネルギー局長を務め、駐日ブラジル大使を務める（2017年2月現在）アンドレ・アランニャ・コヘーア・ド・ラーゴ（André Aranha Corrêa do Lago）氏は、ブラジルのエネルギー政策について、「エネルギーを選択する際には、経済・社会・環境の『3つの持続可能性』を考慮する必要があります。例えば石炭は経済的・社会的な持続可能性は高いが、環境面では持続可能とは言いにくい。太陽光は環境的・社会的には持続可能ながら、経済的な持続可能性は証明されていない。しかし水力なら3つとも持続可能」だと、水力発電を重視する立場を崩していない。「水力の比率は総発電電力量の八〇％を占めており、エネルギー自給率の向上や温室効果ガスの排出削減に大きく寄与している」ものの、降水量に影響を受けやすい側面があり、そのような脆弱性を補完するために原子力発電の推進も同時に行っていく方針を示している。「世界はいま BRAZIL ブラジルのエネルギー政策」関西電力広報室『躍』20号（2013年12月）、43～48頁。
13 　COPREDALの概要については本書第2章以外に、黒澤満「非核兵器地帯と安全保障　ラテンアメリカ核兵器禁止条約付属議定書Ⅱの研究」『法政理論』第12巻第3号（1979年11月）、114～126頁参照。COPREDAL関連の一次資料については、OPANAL (Organismo para la Proscripción de las Armas Nucleares en la América Latina y el Caribe) HPを参照。< http://www.opanal.org/CInfo_antecedentes_COPREDAL.html#.UzORZrcrjct >
14 　原資料の出典は、PDE 2022 <http://www.epe.gov.br/PDEE/24102013_2.pdf>

15　ARとはActas Resumidas（議事抄録）の略号であり、COPREDAL会期中については50通の文書に集約されている。
16　Agradeció desde luego la mención hecha por él de su país para que, conjuntamente con México y la Argentina, integrase un grupo de trabajo para estudiar la manera de coordinar el programa de desnuclearización con el uso pacífico de la energía atómica.(COPREDAL/AR/6, 19 de marzo de 1965, p.5)
17　Consideró fundamental e indispensable que los gobiernos opinen respecto al posible enlace entre la desnuclearización y la aplicación pacífica de la posible utilización de explosivos atómicos para la apertura de un nuevo canal interoceánico en Centroamérica, expresando que había sido muy extensa la especulación acerca de la compatibilidad de ese empleo con las estipulaciones del Tratado de Moscú.(COPREDAL/AR/6, 19 de marzo de 1965, p.6)
18　NPT/CONF.2010/50 (Vol. Ⅰ), New York, 2010, pp.29-31.
19　核兵器禁止条約に関する国際会議は、第1回が2013年3月にノルウェーのオスロで、第2回が2014年2月にメキシコで開催された。会議の議長声明については、メキシコ外務省HP <http://www.sre.gob.mx/en/index.php/humanimpact-nayarit-2014.> を参照。同会議の成果をまとめたものとして、Arms Control Association HP <http://www.armscontrol.org/act/2014_03/Mexico-Hosts-Meeting-on-Nuclear-Effects> がある。メキシコは、これまでに締結させた5つの非核地帯に属する国家や国際機関、NGOの代表を集めて第1回非核地帯国会議を開催した。非核地帯国会議については、拙稿「第1回 非核兵器地帯国会議の意義と課題」中部大学国際関係学部編 中部大学国際関係学部論集『貿易風』第4号（2009年4月）、238～248頁。
20　日本国政府は、地震観測網の活用を通じた核実験情報の提供など、CTBT体制の確立に向けて積極的に取り組んでいる。詳しくは、外務省HP「CTBT発効促進に向けた我が国の取り組み（平成25年12月4日）」を参照。<http://www.mofa.go.jp/mofaj/gaiko/kaku/ctbt/hakkou.html>一方で、日本を含む北東アジアにおける非核地帯創設に関して日本国政府は、アメリカ政府との日米安保体制の堅持を理由に創設には否定的であり、核軍縮・核不拡散政策には一貫性を欠く部分がある。
21　核兵器禁止条約の現在に至るまでの経緯について触れたものとして、'Proposed Nuclear Weapons Convention (NWC)', NTI HP < http://www.nti.org/treaties-and-regimes/proposed-nuclear-weapons-convention-nwc/> 2008年1月に国連総会にて採択されたモデル核兵器禁止条約の条項（前文、19条、付属議定書）

の一覧は以下の通り（国連総会決議 A/62/65, 2008年1月18日採択）。前文・一般的義務・定義・宣言・履行段階・査察・国内的履行基準・個人の権利及び義務・機関・核兵器・核物質・核施設・核の運搬手段・本条約の禁止対象外の機能・協力、追従及び協議合意・発効・財政・改正・適用範囲・締結・紛争の強制的解決に関する選択議定書・エネルギー支援に関する選択議定書・付属議定書Ⅰ：核利用活動に関する細則及び計画・付属議定書Ⅱ：核兵器の構成要素・付属議定書Ⅲ：加盟国一覧及び運用機関が管理する地理的範囲

22 足立研幾『オタワプロセス 対人地雷禁止レジームの形成』有信堂高文社、2004年をもとに作成した図である。

23 対人地雷禁止条約に見られる、自己選択方式を代表とするこれまでの軍縮条約交渉には見られなかった特長は、「オタワプロセス」と称される。オタワプロセスの交渉過程における特徴を含めた包括的な研究として、足立『前掲書（注22）』を参照。なお、オタワプロセスに際しての参加資格に当たる文書は、以下のとおりである（同書135頁）。1．国際的行動—対人地雷の国際的禁止の支持　a）対人地雷全廃を支持し、対人地雷製造、使用、輸出のモラトリアムを行うことを促す国連総会決議を支持すること　b）対人地雷の使用、製造、保有、輸出を禁止する国際的合意の可能な限り早い締結に向けて努力すること　2．地域的行動—地雷の国際的禁止の目的を支持するための地域としてもコミットすること　3．国内的行動—CCW（特定通常兵器使用禁止制限条約：著者注）改定議定書の内容を超えて、地雷使用、輸出の禁止、モラトリアム、規制を国内的に一方的に行うこと

24 対人地雷禁止条約締結の後、その非人道性が指摘され、禁止条約の締結に至ったものとして、クラスター爆弾がある。

25 ある規範の確立に向けて交渉を行うためのテーブルを設定し、テーブルに集まった国家間の関係を取り持つ役割を果たす行為主体（アクター）のことを指す。対人地雷の場合は、ICBLがこれにあたる。詳細については、村田晃嗣、君塚直隆、石川卓、来栖薫子、秋山信将『国際政治学をつかむ【新版】』有斐閣、2015年、104頁、政所大輔「『保護する責任』概念の形成：規範起業家の役割と規範的環境の作用」『大阪大学国際公共政策研究』第14巻1号、222～224頁を参照。

26 村田ほか『前掲書（注25）』、104～105頁を参照。対人地雷と同様の過程で採択されたのが、クラスター爆弾禁止条約（2008年採択）である。クラスター爆弾については、ノルウェーが中心となってその採択へ導いたことから、オスロプロセスと称される。

27 人間の安全保障に関する今日までの変遷については、福島安紀子『人間の安全

保障　グローバル化する多様な脅威と政策フレームワーク』千倉書房、2010年、7〜30頁に詳細がまとめられている。
28 「核兵器禁止条約によって世界が非核化されるならば、地域的な非核地帯は必要なくなるのではないか」という命題に対して、梅林宏道は、「『核兵器のない世界』は真空の中に生まれるのではない。核兵器のない世界を維持するためには、約束の遵守や検証や紛争解決の協議機関など、さまざまな機能が果たされなければならない。それには、地域固有の歴史を踏まえ、信頼醸成を積み重ねた地域的な仕組みが不可欠になる。非核兵器地帯条約が生まれていれば、その条約機構がそのまま『核兵器のない世界』を維持する地域機構となる」と、非核地帯の意義を強調している。梅林宏道『非核兵器地帯　核なき世界への道筋』岩波書店、2011年、176頁。
29 2016年10月27日に、国連第一委員会にて採択（A/C.1/71/L.41）。その後2016年12月23日に国連総会にて採択（A/71/710）。

第4章　非核地帯の拡大と深化

　非核地帯は冷戦期に発展途上国を多く抱える地域で創設された。非核地帯の創設における非核兵器国の意図は、核兵器国による相次ぐ核実験からの保身を図るための手段、あるいは核兵器による攻撃を受ける可能性を回避するための手段、すなわち、「核からの自由」の獲得であった。
　核兵器国による相次ぐ核実験からの保身を図るための手段については、南太平洋におけるフランス及び米国の核実験から地域の安全を保証するために締結に至ったラロトンガ条約が挙げられよう。ラロトンガ条約の締結に際しては、非核地帯を創設する背景に、南太平洋における核関連物質の投棄に関する懸念、さらにはフランスのムルロワ環礁における核実験を阻止するという明確な目的が存在した。
　核兵器による攻撃を受ける可能性を回避するための手段については、ラテンアメリカで締結された非核地帯条約であるトラテロルコ条約が挙げられよう。ラテンアメリカでは1960年代初頭にキューバ危機が起こり、核兵器による攻撃の危機にさらされた。そのためキューバを舞台とした核戦争に対する切迫した恐怖を回避するための手段として「核からの自由」を求めたことが、トラテロルコ条約の締結へと至った最大の要因である。
　冷戦期から今日に至るまでの非核地帯の創設に際する最大の焦点として、核兵器国と非核兵器国との利害対立の解消がある。冷戦期において非核兵器国は非核地帯に対し、「核からの自由」を求めた。具体的には

第4章　非核地帯の拡大と深化

米ソを中心とした軍拡競争に巻き込まれないようにするために非核地帯を創設し、自国あるいは自国の属する地域の安全を確保することにより、「核からの自由」を獲得しようとした。一方、核兵器国の非核地帯に対する姿勢は、自国の安全保障に直接関わらない規定となるように修正を求めた上で、非核地帯諸条約の付属議定書に署名及び批准を行うというのが基本となっており、「核からの自由」という理念に対しては一定の制限を設けている。このような双方の利害が一致することで、非核地帯の実効性が担保される。そのような利害関係で形成された非核地帯は現在では南半球のほぼ全域を覆いつくすまでに拡大しており、昨今ではモンゴル及び中央アジアにも非核地帯が創設されている[1]。

　非核地帯はこれまで、米ソ両陣営の核戦略に直接的な影響を及ぼさない地域に創設されていたことから、核抑止力論に代表される、力による平和及び安全保障を軸に考える現実主義者にとっては検討するに値しない概念であった[2]。しかしながら着実に非核地帯が拡大し、モンゴル、中央アジアにもその範囲が広がったことから、冷戦終結後の今日においても非核地帯は何らかの意義を有するものと考えられる。

　本章では本書でこれまで重点的に取り扱ったトラテロルコ条約以外の非核地帯条約の概要をつかむとともに、日本の属する北東アジア非核地帯構想の現状と課題についてみていくことにする。

冷戦期の非核地帯

　中部欧州（ポーランド、チェコスロバキア、東ドイツ、西ドイツ）で提案されたラパツキー案が非核地帯の源泉とされる。バルカン諸国およびアドリア海においても非核地帯の設置が見込まれた〔ソ連・1950年代〕。

　その後、1962年にキューバ危機が発生し、ラテンアメリカ非核地帯構

想が進展し、トラテロルコ条約として結実する。1970年代には中東（エジプト・イラン）で核兵器の拡散が懸念された。なぜならば、両国はイスラエルの政敵だからである。同じく1970年代には、南アジアにあるインド、パキスタン両国がカシミール地方の領有を巡って争い、まずはインドが核実験を行い、これに対してパキスタンも核実験で対抗した。

　1975年には南太平洋諸国の共同体である南太平洋フォーラム（SPF）においてフランスの核実験に対して抗議がなされ、核兵器のみならず核物質によるあらゆる惨害から南太平洋地域を守るという目的で、1985年には南太平洋非核地帯条約（ラロトンガ条約）が締結された。

　南極大陸は人が住んでいないものの非軍事化されていることから、非核地帯の一部であるといえる。さらに国連総会では南半球全体を1つの非核兵器地帯とみなし、地域間の連携体制を構築するための構想が毎年決議されている。

　なお、各条約の略称（例：トラテロルコ条約）は、いずれも条約の締結地もしくはその条約を象徴する地名が用いられている。

・南太平洋非核地帯条約（ラロトンガ条約）

　1966年以降、フランス・ムルロワ環礁における核実験に南太平洋諸国は懸念を示していた。特に、放射能汚染による環境汚染が懸念された。1973年、オーストラリアとニュージーランドは大気圏内における核実験が国際法違反だとして国際司法裁判所（ICJ）に提訴した。その後、フランスの地上での核実験は停止されたが地下での核実験は継続された。

　1977年以降、南太平洋諸国が組織したSPFにおいて非核地帯創設の議論が進んだ。核兵器の不存在のみならず、地域の環境の保護にも重点を置き、放射性廃棄物の投棄の禁止などを含み、「非核兵器地帯」よりも広い概念の「非核地帯」という表記となった。条約締結国からの申し立

第 4 章　非核地帯の拡大と深化

てによる現地査察制度に基づき選出された3人の特別査察官は、関連するあらゆる情報及び場所への完全かつ自由なアクセスが認められる。包括的核実験禁止条約（CTBT）との関連では、フランスが核実験を停止し、同盟国であり核兵器国でもある米国と英国がこれに呼応して、核兵器を南太平洋地域では使用しないという趣旨の議定書を批准している。

　条約締結交渉時には、米国の核兵器が搭載された軍艦の入港を認めるかどうかについて、オーストラリアとニュージーランドの間で意見の違いが先鋭化した。ニュージーランドが非核地帯の趣旨からすると、たとえ条約締約国以外の船籍であったとしても入港を拒否すべきだとの姿勢を崩さなかったのに対し、米国の同盟国であるオーストラリアは、船に核兵器が積んであろうとも船内は米国の管轄下にある以上、口出しはできないとして入港を受け入れるべきであると反論した。最終的には核兵器を搭載した航空機や船舶が締約国内に立ち寄ることを認めるかどうかはそれぞれの国の判断に委ねられることになった。

ポスト冷戦期の非核地帯

　朝鮮半島では1991年12月に朝鮮半島非核化共同宣言がなされ、核兵器を巡る緊張関係が一時的に緩和された。冷戦対立構造により分裂していた東南アジアでは、1995年に東南アジア非核兵器地帯条約（バンコク条約）が締結された。同じ頃、アフリカではソ連がアンゴラから撤退し、南アフリカによる核開発が終結した。これに伴い締結されたのが、アフリカ非核兵器地帯条約（ペリンダバ条約）である。さらに同時期に、モンゴルでは非核兵器地帯に関する国内法が成立し、モンゴルは国際連合から一国非核兵器地帯としての地位が認められた。そして中央アジアでも中央アジア5カ国によって2006年に中央アジア非核兵器地帯条約（セミパ

ラチンスク条約）が締結された。

(a) 東南アジア非核兵器地帯条約（バンコク条約）

　1971年に東南アジア諸国連合（ASEAN）において東南アジア平和・自由・中立地帯（ZOPFAN）構想が掲げられたのが、東南アジアにおける非核地帯構想の源泉である。しかしながら、カンボジアでは内戦が絶えず、域内国の連帯は希薄であったが、冷戦終結に伴い、カンボジア内戦も終結した。ところが、東南アジア諸国と中国との間では、南沙諸島（スプラトリー諸島）を巡る領土紛争が続いており、同紛争に対応すべく、非核地帯の創設に向けた動きが加速した。バンコク条約の適用範囲に大陸棚及び排他的経済水域（EEZ）が含まれているのは、中国から南沙諸島を防御するためである[3]。同条約では、域内国の領域のみならず大陸棚や排他的経済水域を含めた、地帯内での核兵器の使用又は使用の威嚇を禁止しているため、米国及び中国は反発した。

(b) アフリカ非核兵器地帯条約（ペリンダバ条約）

　ペリンダバ条約は、1996年4月にエジプトのカイロで署名された非核地帯条約であり、2009年7月に発効した。1964年のアフリカ統一機構（OAU）首脳会議でアフリカ非核化宣言を採択したのが、アフリカに非核地帯を創設する第一歩であった。その後、冷戦終結に伴う南アフリカの劇的な変化があった。それは、南アフリカが1991年にNPTに加盟し、1993年には当時のデクラーク首相（F. W. de Klerk）が南アフリカの所有していた核兵器をすべて廃棄したとの声明を出したことにある。当時、核実験場のあった南アフリカの町の名前がペリンダバである。

　ペリンダバ条約の適用範囲として、ディエゴ・ガルシア島を含めるかどうかが問題となった。英国とモーリシャスがこの島の領有を巡って対

第4章　非核地帯の拡大と深化

立していたからである。米軍基地が存在しているため、この問題は棚上げされた。ペリンダバ条約では、原子力施設への攻撃禁止が規定されている。

(c) 中央アジア非核兵器地帯条約（セミパラチンスク条約）

　カザフスタンのセミパラチンスクには、旧ソ連の核実験場があった。この実験場からは汚染水が川に流れ込み、二次災害を引き起こしていた。このような環境汚染への対応が急務とされたことから、同じ中央アジアにあるウズベキスタンのカリモフ大統領により提案されたのが本条約である。ロシアと中央アジア諸国間の集団的安全保障条約に従い、ロシアの戦術核兵器（中央アジアから西欧諸国付近までを射程とする中距離核兵器）を域内国に展開できるとする解釈が米国を始めとする西側諸国にはあり、核攻撃を受ける可能性のある米国、英国およびフランスが異議を唱える。

構想段階の非核地帯

　南アジア諸国、特にインドとパキスタンでは、核実験を停止し核不拡散体制を構築するために、NPT、CTBTへの署名や批准が求められている。さらに核兵器の原材料の流通を規制するための兵器用核分裂性物質禁止条約（FMCT）の締結に向けた交渉が求められている。

　中東では、1974年から非核地帯の設置が提案されている。1995年のNPT再検討・延長会議では、中東核兵器・非大量破壊兵器地帯条約の早期の達成のための協力と努力を要請する中東決議が採択された。しかし具体的な進展は今日のところ見られない。2012年のNPT再検討会議準備会合で具体的な取り組みが促されるものの、イランの核開発問題が足かせとなっており、事実上、進展はみられない。

非核地帯

　日本の属する北東アジア地域では現在、日本、韓国及び北朝鮮の3カ国に周辺の核兵器国である中国、ロシア及び米国の3カ国を加えた6カ国による限定的な非核地帯を創設する構想が有力となっている[4]。しかし北朝鮮の相次ぐ核実験など、同地域に非核地帯を創設するための素地作りが難航しており、さらに長い道程が予想される[5]。以下では、北東アジア非核地帯構想の現状について、これまでの協議を通じて考案されている諸案を中心に詳しく見ていきたい[6]。

　北東アジアにおける非核地帯創設の鍵を握る朝鮮半島を巡る歴史的背景について、まずは確認しておきたい。冷戦期初頭に朝鮮半島は朝鮮戦争により南北に分断された。1948年には、北に旧ソ連や中国といった共産圏の影響力の下で北朝鮮が、南には米国などの資本主義圏の影響力の下で韓国が建国された。そして、冷戦の終結とともに韓国に配備されていた核兵器の撤去が行われたことを契機に、1991年の12月には南北朝鮮間で「朝鮮半島非核化共同宣言」が合意された。それは両国による核兵器の実験、製造、生産、受領、保有、貯蔵及び配備を禁止するとともに、核燃料再処理施設及びウラン濃縮施設を保有しないことに合意するものであった。この宣言の趣旨からすると、すでに非核地帯の構成要素は含まれている[7]。

　その後、南北朝鮮と非核三原則を堅持している日本の3カ国で北東アジア限定非核地帯化構想が打ち出され、これら3カ国に隣接するロシア、中国そして米国を加えたスリー・プラス・スリー案（図4-1）が最も現実的な構想となっている[8]。昨今の北朝鮮による核関連施設（黒鉛実験炉）の再稼動など、解決しなければならない問題が山積しているのが現状であり、北東アジア非核地帯実現の道程はかなり険しいものとなっている[9]。しかも、日本及び韓国には米軍が駐留していることから、米国とのいわゆる「核の傘」との関連で非核地帯をどのように捉えることが適当かに

第 4 章　非核地帯の拡大と深化

図4-1　スリー・プラス・スリー案　概念図

［出所］ピースデポ　ホームページ「現存する非核地帯と東北アジア非核地帯」
<http://www.peacedepot.org/theme/nwfz/nwfz-1.html>

ついても議論を深める必要がある[10]。この議論のたたき台として、北東アジア非核兵器地帯モデル案がNGOにより示されており[11]、同案を含めて具体的な施策についてさらに検討することが必要であろう。梅林宏道は現存するすべての非核地帯が共通してもっている要件として、以下の3点を挙げている。第一に地帯内での核兵器の開発、実験、製造、生産、取得、所有、貯蔵、輸送（陸地、内水）、配備などを禁止すること（核兵器の不拡散と不配備）。　第二に地帯内への核兵器による攻撃や攻撃の威嚇を禁止すること（消極的安全保証）。　第三に条約順守のための機構を設置することである[12]。これら諸点を踏まえながら非核地帯の創設に向けた素地の形成、具体的には信頼醸成が今後必要となる。

　2006年に入り、北朝鮮はテポドン2号の発射実験を行った。2009年と2013年には核実験を行っている。さらに2015年から2017年にかけては間隔を置かずに核爆発実験やミサイル発射実験を行っており、核開発に向けた動きが急速に進んでいる。このような北朝鮮の動きについても注視しながら、地域の実情に合わせた形での非核地帯の創設が求められている。ここまで触れてきたように、北東アジア地域は核兵器の拡散が懸念される地域の1つであり、核戦争がいつ起きてもおかしくないような状況に発展する可能性が高い。したがって、北東アジアに非核地帯

を創設することは、核兵器による攻撃及び偶発的事故による恐怖を除去するという観点からも必要不可欠である。

また、トラテロルコ条約の適用範囲であるキューバ、あるいはラロトンガ条約の適用範囲であるオーストラリアには、米軍基地があるものの非核地帯が創設されており、日本あるいは韓国に米軍基地があることが非核地帯の創設に直接影響を与えるものではない。

欧州では中東欧が事実上の非核地帯となっている。しかしながら2014年に発生したウクライナからのクリミア半島独立問題など、ロシアとの問題を抱えており、核兵器が配備される可能性もあることから、地域情勢が不安定化すると地帯内に核兵器が配備される可能性も十分にある。北欧も含めた非核地帯化も必要とされるが、西欧諸国のうち、ドイツ、オランダ、ベルギー、イタリア、トルコには、いまだに米国の核兵器が配備されている。このうちドイツ、オランダ、ベルギーなどは核兵器以外の兵器で自国を防衛することは可能だと考え、それらの撤去を求めている。

非核地帯の創設に最初に取り組んだラテンアメリカのメキシコや、IAEA本部があるオーストリアなど、非核地帯条約締約国を中心に、第3章で少し触れた核兵器禁止条約の締結へのプロセスを積極的に後押ししている。この条約の締結は、地雷の世界的な使用を禁止する、対人地雷禁止条約（オタワ条約）における非政府組織（NGO）の積極的な行動を手本に進められている。この条約は、これまでの大国中心の核軍縮には限界があり、核なき世界の実現はかなり難しいと考えた市民社会による底辺からの核廃絶に向けた動きとして注目されている。

いずれにしても、核兵器に関する諸課題を解決するためには、米国の動きが大きい。米国のオバマ前大統領がとりわけ注目されたのが、2009年にチェコのプラハで行った「核なき世界」に向けた演説であった。そ

して2016年5月には広島を訪れ、原爆投下による犠牲者に対して哀悼の意を捧げるとともに、広島平和資料館には折り鶴を捧げた。しかしながら、アメリカは同時に「Zマシン」と呼ばれる装置を使ってさらなる核開発に注力しており、その真意が問われている。このような、表の顔と裏の顔を使い分けている姿勢をどう改めるか、トランプ政権の発足とともに、今後の米国の方針が注目される[13]。

非核地帯の残された課題

　構想段階にあるものを含めて、非核地帯の実効性確保のために必要な諸点をここで整理する。第一に軍事的利用と平和的利用の識別が困難とされる検証制度をどのようにして強化するのかという点である。これまでの章でも見てきたが[14]、具体的には以下の3点にまとめることができる。1つには平和目的と軍事目的の区別の問題である。具体的には平和目的核爆発[15]について、その必要性を含めて検討する必要がある。2つに、開発段階にある新型兵器規定の取り扱いに関する問題である。新型兵器の開発が完了してから新たな規定を設けるのでは核軍縮、核不拡散レジームの一環として成立している非核地帯の実効性に影響が生じることが予想される。3つ目に検証制度の運用組織についてである。具体的にはIAEAによる保障措置を活用した形での検証を行うのか、あるいは非核地帯条約を運用する組織で独自に検証を行うための仕組みを強化する方が適当なのかという点である。

　第二に国連の果たす役割がより一層重要となろう。国際機構による紛争の平和的解決には国連事務総長がその調停に乗り出すことが多々ある。元事務総長のコフィー・アナン（Kofi Atta Annan）はセミパラチンスク条約（中央アジア）の署名式に際して、核兵器国の付属議定書への署名及び

批准への協力を呼びかけるなど[16]、推進を後押しする考えを示した。さらに国連安全保障理事会決議1540[17]では、大量破壊兵器の不拡散を実現するためには地球規模の安定とともに地域の安定が必要であるとも指摘している。この決議では、主にテロリストに大量破壊兵器が渡らないようにするための施策を挙げている[18]。具体的にはテロリストに代表される、非国家主体に対する対策の必要性を求めているのだが、テロリストの主目的は自分たちの主張、すなわち地域を自らの手で作り上げたいという意味での安定を求めているのであり、地域の主張をくみ取った形で非核地帯が創設されていることを考えると、非核地帯をテロ撲滅に向けた受け皿として活用できるのではないだろうか。

　第三にペリンダバ条約（アフリカ）の発効と密接に関連するイスラエルへの対応についてである。これについては中東非大量破壊兵器化構想が存在するものの、イスラエルは事実上の核兵器国と見なされているため、対立関係にある北アフリカ諸国、特にエジプトがペリンダバ条約の締結推進に向けた動きが取れずにいる。このような現状を打開するために、まずはイスラエル、エジプト双方の主張を聞き、解決に向けた話し合いのテーブルを設けることが必要である。本課題の解決に際しては、イスラエルの核放棄と引き替えに、他のイスラーム諸国の生物・化学兵器の廃棄が同時になされなければならない。そのような事情から、中東では非核兵器地帯条約よりは、むしろ非大量破壊兵器地帯条約の実現が現実的だとされる[19]。

　第四に原子力発電の国際管理についてである。これは北東アジア非核地帯構想（スリー・プラス・スリー案）と関連するのであるが、欧州原子力共同体（EURATOM）をアジアでもアジアトムとして実現すべきであるという構想であり、金子熊夫が中心的な提唱者であった[20]。EURATOMは、核関連物質の管理を全面的にIAEAに委ねるのではなく、地域共同体であ

る欧州連合（EU）の下で独自にルールを作り、適正に核関連物質を使用することを目的に設立された。つまり、ウランを始めとする核関連物質をEU諸国の共有財産として平和的に使用することを第一としている。このような核関連物質の運用機関を積極的に整備することが求められている。

　第五に非核地帯独自の構成要素を最大限に生かすこと重要である。核爆発そのものを禁止する条項がトラテロルコ条約を除く非核地帯条約には設けられている。なお、原子力発電は核爆発ではなく、核融合により発電されているので、ここでいう核爆発には当たらない。NPTでは第4条に原子力の平和利用が、第5条に核爆発の平和的応用に関する規定が設けられている。これは核の平和的爆発に関する規定であるが、放射能汚染という副産物が残ってしまう。核爆発については平和目的であっても、トラテロルコ条約以外では認めていないという点で、非核地帯諸条約の方がより優れているといえよう。NPTとの関連ではこの他に、事実上の核保有国と呼ばれる諸国家をどのように処遇するのか、さらに既存の非核地帯諸条約との整合性をいかにして保持するのかが大きな課題となっている。

　非核地帯の北半球への拡大には、地域の問題は各地域の実状に応じて解決することが重要である。そこには言語、風土、ものの考え方や感じ方が異なっており、地域が主体となって解決させた方が円満に解決する確率が高い。その方が友好的な国際関係を築くことができるのであり、このような重要性について、山田浩は次のように述べている[21]。

　　友好的な国際関係のもつ重要性は、何も米ロ関係に限定されるものではない。印パ両国に対する核武装の封じ込めから核廃絶に至る方途にしても、印パ中3カ国の友好的な国際関係の樹立、協調的な安全保障システムの形成

ぬきには前進は望みえないであろう。また東北アジアについても同様で、信頼醸成措置その他による国際関係の友好化の促進があってはじめて、同地域の非核地帯化や地域的な集団安保システムの構築も可能となる。この意味で、2000年6月の南北首脳会議、朝鮮半島における平和的統一への動きの意義には、計りしれないものがあるといわなければならない。

さらに山田は全面完全軍縮への方途として「核廃絶の道は、ただ核兵器にのみ局限されるのではなく、通常兵器をふくめたかたちで追求されるべき」だとしており[22]、通常兵器に関する諸課題の解決にも非核地帯は大きな役割を果たすのである。

図4-2 大量破壊兵器の開発・保有疑惑国

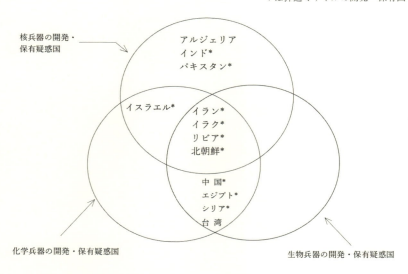

［出所］小川伸一『「核」軍備管理・軍縮のゆくえ』芦書房、1996年、330頁。

第４章　非核地帯の拡大と深化

非核地帯の運用体系

　非核地帯が創設されている地域では、地域ごとに運用機関を指定し、加盟国間の信頼関係のみならず地域間での連携を進めることで核兵器のない世界に向けた現実的な努力を続けている。
　さらなる非核地帯の拡大が期待されている地域、具体的には地域紛争の絶えない中東、日本の属する北東アジアでは、関係諸国間を束ねるための運用組織が必要である。つまり非核地帯の拡大が地域の安定にも寄与することとなり、相乗効果をもたらすことになる。

条約名 （署名年）	対　象	主な交渉の場	運用組織
ラテンアメリカ 核兵器禁止条約 〔トラテロルコ条約〕 （1967）	核兵器	ラテンアメリカ非核地帯準備委員会 （COPREDAL）	ラテンアメリカ核兵器禁止機構 （OPANAL）
南太平洋非核地帯条約 〔ラロトンガ条約〕（1985）	核兵器 平和目的爆発 投棄、廃棄	南太平洋フォーラム （SPF） 〔現在は太平洋諸島フォーラム（PIF）〕	南太平洋フォーラム 南太平洋経済協力ビューロー
アフリカ非核兵器 地帯条約 〔ペリンダバ条約〕（1995）	核兵器 平和目的爆発 投棄、廃棄 廃棄物の持込 核施設への攻撃	アフリカ統一機構 （OAU） 〔現在はアフリカ連合 （AU）〕	アフリカ 原子力 委員会
東南アジア 非核兵器地帯条約 〔バンコク条約〕（1997）	核兵器 平和目的爆発 投棄、廃棄	東南アジア諸国連合 （ASEAN） ASEAN地域フォーラム （ARF）	東南アジア 非核兵器地帯 委員会
中央アジア 非核兵器地帯条約 〔セミパラチンスク条約〕 （2006）	核兵器 核爆発装置 廃棄	国連 サマルカンド 専門家会合	中央アジア５カ国による持ち回り会議

［出所］横田洋三編『新国際機構論 下』国際書院、2006年、61頁を基に著者作成。

1　世界の非核地帯の分布については巻頭の地図を参照。
2　抑止とは、敵対者に自らの利益を極度に危険にさらすような武力攻撃に代表する行動をとらせないようにする努力から成り立っている。非核地帯は、敵対者となる核兵器国の存在を消極的安全保証により無力化する概念であることから、その前提条件が異なる。なお本章では、抑止に代表される力による均衡に対する概念として非核地帯を捉える。See Paul Gordon Lauren, Gordon Alexander Craig, Alexander L. George, *Force and Statecraft: Diplomatic Challenges of Our Time* (Forth Edition), Oxford University Press, 2007, pp.177-180.
3　適用範囲を曖昧にすることで、中国との間で領有権を争っている南シナ海を中国に領有させないようにするという意図がある。2015年開催の第25回国連軍縮会議において、タイ王国国連常駐代表のヴィラチャイ・プラサイ氏も条約適用範囲の問題について、以下のように述べている。「バンコク条約が現存の非核兵器地帯の中で唯一、大陸棚のほか排他的経済水域を管轄しており、範囲の特定が難しい。」［出所］第25回国連軍縮会議開催報告書（広島市）<http://www.city.hiroshima.lg.jp/www/contents/1452037333391/simple/houkokusyo.pdf>
4　スリー・プラス・スリー案と呼ぶ。図4-1を参照。
5　1990年代前半までの北朝鮮を巡る核兵器を巡る情勢については次の報告書を参照。Yong-Sup Han, *Nuclear Disarmament and Non-Proliferation in Northeast Asia* (UNIDER/95/12), United Nations Institute for Disarmament Research, 1995.
6　北東アジア非核地帯化に関する考察を行ったものとして、以下の文献を参照。留意すべき点として、以下の論考には「4つのもしも」が挙げられているが、これらはあくまで仮定の域にしか過ぎないことがある。しかしながら、非核地帯を核廃絶論（主として平和研究の手法）及び軍備管理論（主として戦略研究の手法）の二面から検討しており興味深い。佐島直子「非核地帯　その思想と現実」『防衛研究所紀要』第2巻第3号（1999年12月）、88～110頁。北東アジア非核兵器地帯に関する展望を著したものとしては他に、1. Xia Liping, "Viewpoint: Nuclear-Weapon-Free Zones: Lessons for Nonproliferation in Northeast Asia", *The Nonproliferation Review*, Center for Nonproliferation Studies, Fall 1999, pp.83-92. 藤田久一「北東アジア非核地帯化の条件」『軍縮問題資料』254号、宇都宮軍縮研究室、2001年12月、48～54頁。
7　黒澤満『大阪大学新世紀セミナー　軍縮をどう進めるのか』大阪大学出版会、2001年、23頁。
8　スリー・プラス・スリー案の以前には、朝鮮半島の非武装地帯の中心から半

第 4 章　非核地帯の拡大と深化

　　径1200海里の円を描いた地域を含める構想が出された。その後、北東アジアの非核兵器国の領域すべてに、米国アラスカ、ロシア東海岸、中国東海岸を加えたフットボール型の地域を非核地帯とする案が出された。これらはいずれも核兵器国を含めているのが特徴的である。黒澤満『核軍縮と国際平和』有斐閣、1999年、108頁。
9 　日中間の安全保障問題については、浅野亮「日中関係の進展を求めて　直接交流の拡大」『日本の外交・安全保障政策オプション』日本国際交流センター、1998年、13～42頁。
10 　梅林宏道「核兵器持ち込みと非核地帯」『軍縮問題資料』189巻、宇都宮軍縮研究室、1996年8月、10～15頁。
11 　ピースデポ（平和資料協同組合）HP。モデル「東北アジア非核兵器地帯条約」（案）(2004.7.3) <http://www.peacedepot.org/theme/nwfz/model-nwfz.html>
12 　梅林宏道「現存する非核地帯と北東アジア非核地帯」ピースデポ（平和資料協同組合）HP。<http://www.peacedepot.org/frame.html>
13 　その後、共和党候補のドナルド・トランプ氏がアメリカ大統領に就任したことで、核兵器への依存体制が強まるのではないかとの懸念がある。日本に対しては核兵器保有容認論まで持ち出されている。
14 　検証制度が改正される前のトラテロルコ条約の検証制度について黒澤は、「条約自身で新たに機関を設けると共に、極めて詳細で、現行条約の中で最も完全な検証制度を備えている」とし、高く評価している。IAEAの保障措置との関連については「IAEAに関連する両条約（NPTとトラテロルコ条約）の禁止の範囲は、現在の技術段階では同じであると解釈されているので、核兵器不拡散条約に基づく保障措置を締結した後、それをラテンアメリカ核兵器禁止条約（トラテロルコ条約）にも適用を拡大したり、両条約を包含する1つの保障措置協定を核兵器不拡散条約の場合のモデル協定に沿って締結したりして」おり、事実上、IAEA保障措置がトラテロルコ条約上での検証措置に包含されることとなる。以前はOPANALとIAEAの双方が検証を行うこととなっていたが、現在はIAEAのみが査察を行うという規定に改正されている。黒澤満『現代軍縮国際法』西村書店、1986年、206～208頁。
15 　平和目的核爆発については、1970年代の日米間においても協議がなされている。ここでの平和目的核爆発とは「核爆発装置を用いて、水中・地表付近、地下深部で核爆発を起こし、その際に生じる破壊威力と集中的な熱エネルギーを土木工事などの平和目的に利用しようというもの」であると説明されている。黒崎輝『核兵器と日米関係　アメリカの核不拡散外交と日本の選択 1960-1976』有志

舎、2006年、89頁。
16 アナン事務総長は、中央アジア非核兵器地帯条約の署名式に際し、「中央アジア諸国が、話し合いを通じて核保有国が抱く条約への懸念を一層求める」とのメッセージを寄せた。2006年9月9日付『朝日新聞』朝刊。
17 国連安全保障理事会決議　S/RES/1540(2004).
18 浅田正彦「安保理決議一五四〇と国際立法　大量破壊兵器テロの新しい脅威をめぐって」『国際問題』第547号、日本国際問題研究所、2005年10月、35〜64頁。
19 図4-2に見られるように、中東やアフリカ諸国の中には数種類の大量破壊兵器を保有している国家が数多く存在する。
20 金子熊夫『日本の核・アジアの核』朝日新聞社、1997年。
21 山田浩『現代アメリカの軍事戦略と日本』法律文化社、2002年、302〜303頁。
22 山田『前掲書（注21）』302〜303頁。

エピローグ

　核兵器の拡散が進んだ今日における非核地帯の意義とは、「核からの自由」という理念に基づいて創設された非核地帯が既存の3つの構成要素に地域独自の必要不可欠な要素（例：セミパラチンスク条約における環境安全保証）を加えた4つの構成要素を軸に機能することで拡大へと向かうとともに、信頼が醸成される中で確実に発展を遂げているという事実である。要するに非核地帯という概念が長年に渡り存在し続けてきたという事実が、将来的に新たな地域が「核からの自由」を手にするための有効な手段となり得るのである。そして、非核地帯を創設した地域間で連携していくことにより、非核地帯の機能強化、さらには新たなる地域共同体の創設に向けた相乗効果をもたらすのである。

　非核地帯の理念である「核からの自由」に関しては、トラテロルコ条約の締結に際し主導的な役割を果たしたメキシコのガルシア・ロブレス元外相（ノーベル平和賞受賞）が強調した「核からの自由」という理念をポスト冷戦期における今日、どのように意義づけることができるのかについて、トラテロルコ条約の締結過程を基に検討した。ここで重要なことは、「核からの自由」という理念で創設された非核地帯という概念が、創設された地域に徐々に浸透することで地域内の完全な非核化を実現し、進化を続けてきたという事実である。

　非核地帯諸条約の構成要素との関連では、非核地帯の拡大に伴い、これまでに定義づけられてきた3つの構成要素では集約することのできない、4つ目の要素が存在しているという点が重要である。特にセミパラチンスク条約（中央アジア）やモンゴル非核兵器地位の締結過程において顕著で

ある。具体的にはセミパラチンスク条約において環境安全保証という項目が設けられた点である。モンゴル非核兵器地位においては、非核兵器地位という新たな制度が形成された点である。中央アジア及びモンゴルは政治的に不安定な地域に囲まれていることから、その安全を確保するための一措置として非核地帯の創設に取り組んだという点も特徴的である。

さらに他の非核地帯においても変容が見られる。トラテロルコ条約（ラテンアメリカ）においては、条約締結当初は含まれていなかったカリブ海地域が適用範囲として設定された点である。ラロトンガ条約（南太平洋）では放射性廃棄物の海洋投棄の禁止に見られるように、「非核地帯」という従来の非核地帯よりも広い概念を採用している。バンコク条約（東南アジア）においては排他的経済水域にまで条約の適用範囲が拡大された点である。ペリンダバ条約（アフリカ）においては、核廃棄物の投棄の禁止を明記している点である。これら一連の変容が、非核地帯が創設された地域にとって非核地帯の理念である「核からの自由」を確保するための必要不可欠な要素となっており、一連の変容を4つ目の構成要素であると定義づけた。

次いで、非核地帯創設の素地として信頼醸成がいかに重要かという点である。冷戦期に創設された非核地帯は、いずれも地域内の信頼が徐々に醸成されて確固たるものへと成熟した地域であった。その一方でポスト冷戦期に創設された非核地帯は、信頼醸成をこれから形成し強化していくための1つの措置として機能することが期待されている。よって、非核地帯を地域内の信頼が醸成された果実としてみるのではなく、これから信頼を醸成するための手段として活用しようという点で性質が大きく異なる。現在構想段階にある中東や北東アジアなどではより一層、信頼を醸成するための一措置としての役割を非核地帯が担うことになるだ

ろう。以上のような推移から、非核地帯の創設に際して必要な信頼醸成の位置づけの変容が見られる[1]。

　最後に、非核地帯の発展には地域間の連携が必要不可欠である。具体的には小柏葉子が提唱するパッチワーク型地域連携を基に、国連や非核兵器地帯締約国会議などの多様なテーブルを生かしながら相互連携をし、強化していくことが望ましい[2]。ここでいうパッチワーク型地域連携とは、地域ごとに特殊な要因を抱えて創設された非核地帯の地域性を生かした取り組みを地域内のみならず地域外にも発信していくことを表している。つまり非核地帯の機能強化が地域の安定、さらには国際情勢の安定に相乗効果をもたらすことを強調したい。

　非核地帯という概念については、地域に受け入れられ、実効性を伴った形で運用されるためには「理想」と「現実」とのギャップをいかにして埋めるのか、ということが常に課題となる[3]。理想的には、全世界が非核地帯で覆われるならば、核兵器という甚大な被害をもたらすものを世界から廃絶することができる。しかしながら現実には核兵器というその絶大な力を対外的に示すことで覇権を維持しようとする、あるいは北朝鮮のように小国であっても自分たちの利益を確保するための手段として、核兵器を保有しようとする国家が存在するのも事実である。このような「理想」と「現実」という2つの相対する勢力の狭間に置かれているのが非核地帯という概念であり、自ずと非核地帯の実効性には限界があることがあらわになる。そのような理想と現実の乖離を克服することこそ、真の意味での「核からの自由」の実現へとつながる。

　本書では構想段階にある非核地帯と信頼醸成について、条約の締結に向けた地域諸国内の動きから始まり、条約の締結に至るまでの協議過程、さらには条約の運用強化に向けた地域連携や現在構想段階にある地域の現状に至る、包括的な検討を行った。その中では特に「地域」とい

う概念が多用され、その「地域」という地理的、文化的、経済的及び政治的観念の共通した連帯をいかにして地域の平和、端的には核兵器のない地帯を創設することに生かすことが重要である。特に、セミパラチンスク条約で掲げられている環境安全保証（第6条）などに代表される項目は、地域の抱える諸問題及びその特性が生かされた好例である。

核兵器廃絶に対しては国連も核兵器国の意向に配慮する形で実現可能なモデルを提示している（図5-1）。核兵器国の核兵器削減に向けた取り組みも、非核地帯を機能させていくためには重要である。したがって核兵器国に対し、まずは米露以外の3カ国から核兵器を放棄するためのプログラムを漸進的に推進し、その後、ロシア、米国の順で核兵器を放棄するための枠組を着実に実行させるためのメカニズムを構築するのも、核兵器を段階的に削減するための1つの方策である[4]。

図5-1　核兵器廃絶のためのフロー

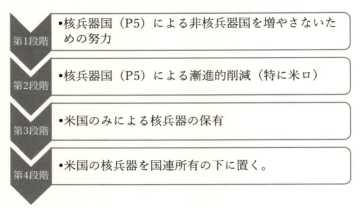

［出所］国連第一委員会決議　A/C.1/57/L.42 を基に著者作成。

非核地帯の制度面における運用は地域機構に依存する面が大きく、構

成国の責任ある行動にゆだねるしかない部分があるが、国家安全保障の根幹にかかわる事項を扱うことも確かである。軍縮条約においては地域内の主導的な行動力が重要な要素を占めており[5]、「核からの自由」という理念を生かしつつ、実際の行動がともなって、非核地帯は初めて機能するのである。

核兵器がこの世で初めて製造されてから70余年を経過した[6]。広島と長崎に原爆が投下された時、世界中の人々は、そのすさまじい破壊力に驚愕(きょうがく)するとともに恐怖心を胸の奥に植え付けられた。そのような恐怖の均衡を保つ核兵器の被害者に対する視点は現実の国際関係を考える際には見落とされがちである。しかしながら原爆症で苦しむ多くの被爆者を見るにつけ、核兵器を廃絶することの重要性を多くの人々が認識するとともに知恵を絞り、努力を積み重ね、今日に至っている。その成果の1つとして生み出されたのが非核地帯という制度である。非核地帯をさらに拡大し、地球全体が非核地帯化されるためにも私たち一人一人が具体的な行動に移す時がまさに到来しているのである。

1 第三、及び次の第四の指摘に関する検討については、拙稿「ポスト冷戦期における非核（兵器）地帯の意義」中部大学大学院国際人間学研究科博士学位論文、2007年を参照。
2 小柏葉子「南太平洋の非核化　地域間協力の可能性」広島平和研究所編『21世紀の核軍縮　広島からの発信』法律文化社、2002年、438～460頁。
3 非核兵器の理想と現実に関しては以下の論考も参照。Samina Yesmeen, "The Case for a South Asian Nuclear-Weapon-Free Zone", Ramesh Thakur, ed., *Nuclear Weapons-Free Zones*, St. Martin's Press, Inc., 1998, p.164.

4　国連第一委員会決議 A/C.1/57/L.42（A path to the total elimination of nuclear weapons）同決議文の要点を図示したものとして、図5-1を参照。
5　五十嵐正博「軍縮への地域的イニシアティブ　南太平洋非核地帯条約とニュージーランド非核地帯法」藤田久一、松井芳郎、坂元茂樹編『人権法と人道法の新世紀　竹本正幸先生追悼記念論文集』東信堂、2001年、313～342頁。本論考では地域（非核（兵器）地帯諸条約と地域機構）と国家（非核地帯法の制定など）の連携体制の重要性について考察している。さらに藤田は地域的軍縮の必要性について、「今日とくに一九七〇年代以降（核）軍縮の実現がなお遠いことと反比例して、地域的安全保障の促進、緊張緩和の促進、よりグローバルなレベルでの安全と軍縮の強化といった同時にいくつかの目的達成を目指して、地域的軍縮の必要性が認識されてきている」とし、地域的軍縮措置、特に非核地帯の必要性を説いている。藤田久一『軍縮の国際法』日本評論社、1985年、199頁。
6　核兵器の運搬手段であるミサイルの原型は、第二次大戦中にドイツが開発したV1およびV2ロケットである。

あとがき

　本書は、2007年9月に中部大学大学院国際人間学研究科に提出した博士学位論文「ポスト冷戦期における非核（兵器）地帯の意義」を中心に、その後に発表した論考を加えて再編集したものである。一般向けという本書の性格から、非核地帯に関する基本的事項についてはできるだけ丁寧に説明を加えたつもりである。また、博士学位論文を提出してからすでに10年余りが経過し、この間、核兵器を巡る情勢にはかなりの変化が見られた。具体的には、NPT（核不拡散条約）体制の形骸化とともに、核兵器国と非核兵器国との意見対立が生じ、核なき世界の実現がますます遠のいている感が否めない。そのような中において、本書の研究対象としている非核地帯は地域的軍縮措置として機能するとともに、漸進的な拡大を続けている。そのような意味において、非核地帯こそが今後の核兵器をめぐる事態打開につながるのではないかとの期待を込めて本書を上梓することになった。実際の博士学位論文では関連する一次文書なども後半に掲載しており、その詳細について興味・関心をお持ちの方は、同博士学位論文をご参照いただきたい。

　本書を刊行するに当たり、博士学位論文の執筆に際しご指導いただいた指導教授の故中村道先生、立本成文先生、滝澤美佐子先生、吉瀬征輔先生、田中高先生を始め、中部大学大学院を中心に、諸先生方に対して心から御礼申し上げたい。特に今回の出版に際しては、太田明徳中部大学副学長を始め、中部大学出版室の松林正己先生、坂野上元子さん、風媒社の劉永昇さん、そしてこの10年余りの長きに渡り、私の研究を様々な形で支援下さった、国際関係学部の河内信幸先生、並びに人文学部の三浦陽一先生に対し、この場を借りて心から感謝申し上げたい。

　最後に、私のこれまでの研究生活を振り返ると、非核地帯研究の芽を開かせていただいたのは、大学院修士課程での家正治先生（神戸市外国語大学名誉教授・姫路獨協大学名誉教授）と木村修三先生（神戸大学名誉教授）のご助言とご指導のおかげである。未熟な私を導いていただいたことに衷心から御礼申し上げる。

核軍縮・核不拡散関連年表（国連の動きを中心に）

1945年	2発の原子爆弾により広島と長崎の都市部が破壊され、推計213,000人もの人々の命が一瞬にして奪われた。
1946年	国連総会決議第1号で、核軍縮が国連の主要目標であると確認された。
1959年	国連総会は効果的な国際管理の下での普遍的かつ完全な軍縮を包括的な目標の一つとして加えた〔総会決議1378(XIV)〕。本決議は当時国連に加盟していたすべての国家が支持を表明した初の決議であった。
1967年	核軍拡競争と1962年のキューバミサイル危機が元となってラテンアメリカおよびカリブ諸国における核兵器禁止条約〔トラテロルコ条約〕の交渉が促進された。トラテロルコ条約は、人口稠密地域において初めて締結された非核地帯条約である。
1978年	国連総会は第1回国連軍縮特別総会を開催した。最終文書では、国連加盟国が共通の究極的な目標として「効果的な国際管理の下での普遍的かつ全面的な軍縮」を支持するとともに、「核軍縮の効果的な方策と核戦争を防止することが最優先課題である」ことに賛同した。
1985年	南太平洋が2番目の非核地帯となった〔ラロトンガ条約〕。
1991年	南アフリカが核兵器計画を自主的に放棄した。
1992年	第1次戦略兵器削減条約（START I）リスボン協定により、ベラルーシ、カザフスタン及びウクライナがソビエト連邦の崩壊に引き続いて自らが保有していた核兵器を自主的に放棄した。
1995年	・NPT再検討及び延長会議で、締約国は「中東に関する決議」とともに、条約の無期限延長、「条約の再検討プロセスの強化」と核不拡散及び核軍縮のための原則と目標」に関する決定を無投票で採択した。 ・東南アジアが3番目の非核地帯となった〔バンコク条約〕。
1996年	・アフリカ大陸が4番目の非核地帯となった〔ペリンダバ条約〕。 ・国連総会の求めに応じて、国際司法裁判所が核兵器の威嚇または使用の合法性に関する勧告的意見を下した。同勧告では、核兵器による威嚇または使用は国際人道法の観点からすると一般的に違法であるが、国家の存亡そのもののかかった自衛の極端な事情のもとでの使用は判断を避けた。 ・CTBT（包括的核実験禁止条約）の締約に向けた署名が開放される。
2000年	NPT再検討会議にて、締約国は核軍縮に向けた制度的及び漸進的な努力にかかる13項目の実際的な措置に同意した。
2006年	中央アジアが5番目の非核地帯となった〔セミパラチンスク条約〕。
2008年	国連の潘基文事務総長が核軍縮に至る5つの重点計画（核軍縮に向けた核兵器国、非核兵器国それぞれの漸進的努力と説明責任の明確化）を公表した。

2010 年	NPT 再検討会議において、締約国は「核軍縮、核不拡散及び核エネルギーの平和利用」という条約のの柱すべてを包含する 64 の行動計画と 1995 年の中東に関する決議の履行に向けた実際的な方法（中東非大量破壊兵器地帯の創設など）を採択した。
2013 年	・国連総会は初となる核軍縮に関するハイレベル会合を開催した。国連総会では決議 68/32 により、9 月 26 日を核廃絶に向けた国際デーとすることを宣言した。 ・国連総会は決議 67/56 により、多国間での核軍縮交渉に向けた協議を行う無期限の作業部会を招集した。
2016 年	国連総会は決議 70/33 により、多国間での核軍縮交渉に向けた協議を行う無期限の第 2 次作業部会を招集した。

〔出所〕国連ホームページ 'International Day for the Total Elimination of Nuclear Weapons' <http://www.un.org/en/events/nuclearweaponelimination/pdf/26%20September%20-%20Press%20Kit%20-%20Notable%20Events%202016.pdf> を基に著者作成。

【参考文献】

- 秋山信将『核不拡散をめぐる国際政治』有信堂高文社、2012年。
- 浅田正彦「『非核兵器国の安全保障論』の再検討」『岡山大学法学会雑誌』43巻2号、1993年、1〜57頁。
- 浅田正彦編『兵器の拡散防止と輸出管理─制度と実践─』有信堂、2004年。
- 浅田正彦「安保理決議一五四〇と国際立法─大量破壊兵器テロの新しい脅威をめぐって」『国際問題』第547号、日本国際問題研究所、2005年10月。
- 浅田正彦、戸崎洋史編『核軍縮不拡散の法と政治』信山社、2008年。
- 池島大策『南極条約体制と国際法─領土、資源、環境をめぐる利害の調整』慶應義塾大学出版会、2000年。
- 今井隆吉『IAEA査察と核拡散』日刊工業新聞社、1994年。
- 岩田修一郎「単極構造時代の軍備管理─大量破壊兵器の規制条約と米国の対応─」『国際安全保障』第31巻第1・2合併号、2003年9月。
- 梅林宏道『非核兵器地帯─核なき世界への道筋』岩波書店、2011年。
- 浦部浩之「ラテンアメリカにおける地域主義─国家の道具としての地域主義」『国際政治経済学研究』筑波大学国際政治経済学研究所、2001年。
- 大沼保昭編『東亜の構想─21世紀東アジアの規範秩序を求めて─』筑摩書房、2000年。
- 小都元『核兵器事典』新紀元社、2005年。
- 金沢工業大学国際額研究所編『核兵器と国際関係』内外出版、2006年。
- 金子熊夫『日本の核・アジアの核』朝日新聞社、1997年。
- 河内信幸「INF全廃条約の意義とその背景」『北陸史学』第38巻、1989年11月。
- 吉川元、首藤もと子、六鹿茂夫、望月康恵編『グローバル・ガヴァナンス論』法律文化社、2014年。
- 木下郁夫『賢者ガルシアロブレス伝─国連憲章と核軍縮に取り組んだ外交官』社会評論社、2015年。
- 木村修三「中東における核拡散問題─イスラエルの核とイランの核をめぐって」『国際問題』日本国際問題研究所、第554号、2006年9月。
- 黒澤満「軍縮関連条約における検証」『阪大法学』通巻96、1975年12月。
- 黒澤満「非核兵器地帯と安全保障─ラテンアメリカ核兵器禁止条約付属議定書Ⅱの研究─」『法政理論』新潟大学法学会、第12巻第3号、1979年。
- 黒澤満「非核兵器地帯と安全保障─ラテンアメリカ核兵器禁止条約付属議定書Ⅱの研究─」『法政理論』第12巻第3号、1980年2月。
- 黒澤満「核兵器不拡散および非核兵器地帯の法的概念」『法政理論』第13巻第3号、1981年3月。

- 黒澤満『軍縮国際法の新しい視座―核兵器不拡散体制の研究―』有信堂高文社、1986年。
- 黒澤満『現代軍縮国際法』西村書店、1986年。
- 黒澤満「軍縮と国際機関―軍縮条約の履行を確保するための機構・機関―」『世界法年報』第10号、1990年。
- 黒澤満『軍縮国際法』信山社、2003年。
- 黒澤満編『大量破壊兵器の軍縮論』信山社、2004年。
- 黒澤満「オバマ政権の核軍縮・核不拡散政策」『阪大法学』第59号2巻、2009年7月。
- 黒澤満『核軍縮と世界平和』信山社、2011年。
- 黒澤満「二〇一三年NPT準備委員会と核軍縮」『阪大法学』第153号。
- 黒澤満編著『軍縮問題入門〔第4版〕』東信堂、2012年。
- 小池洋一「ブラジルのバイオ・エネルギー政策と社会的包摂」『立命館經濟學』第61巻5号、2013年1月。
- 田畑茂二郎『国際法新講（上）』東信堂、1990年。
- 佐藤栄一、木村修三編著『核防条約〔再版〕』日本国際問題研究所、1974年。
- ジョセフ・S・ナイ著、土山實男訳『核戦略と論理』（Joseph S. Nye, Jr. *Nuclear Ethics*, Macmillan Publishing Company, Inc., 1986.）同文舘出版、1988年。
- ジョセフ・S. ナイ・ジュニア(Joseph S. Nye, Jr.)著、田中明彦、村田晃嗣訳『国際紛争―理論と歴史〔原書第6版〕』(*Understanding International Conflicts: An Introduction to Theory and History*, 6th ed.)有斐閣、2007年。
- ジョン・L・ギャディス著、五味俊樹、坪内淳、坂田恭代、太田宏、宮坂直史訳『ロング・ピース 冷戦史の証言「核・緊張・平和」』(Gaddis, John Lewis, *The Long Pesce: Inquiries into the History of the Cold War*, Oxford University Press, 1989.）芦書房、2002年。
- ジョン・L・ギャディス著、河合秀和、鈴木健人訳『冷戦 その歴史と問題点』(Gaddis, John Lewis, *The Cold War*, Penguin, 2007.）彩流社、2007年。
- 矢田部厚彦『核兵器不拡散条約論』有信堂、1971年。
- 杉江栄一『ポスト冷戦と軍縮』法律文化社、2004年。
- スベトラーナ・アレクシエービッチ著、松本妙子訳『チェルノブイリの祈り―未来の物語』岩波書店、1998年。
- 土山實男『安全保障の国際政治学―焦りと傲り』有斐閣、2004年。
- 納家政嗣、梅本哲也編『大量破壊兵器不拡散の国際政治学』有信堂高文社、2000年。
- 浜口伸明「ブラジルの電力危機―供給サイドの諸問題」『ラテンアメリカ・レポート』Vol.18, No.2.
- 広島平和研究所編『２１世紀の核軍縮―広島からの発信―』法律文化社、2002年。
- 福島安紀子『人間の安全保障―グローバル化する多様な脅威と政策フレームワーク』千倉書房、2010年。

・福島崇宏「非核（兵器）地帯と「核からの自由」―トラテロルコ条約の締結から発展に至るまでの過程を通して」『国際人間学フォーラム』第4号、2008年3月。
・福島崇宏「第1章　地域的軍縮措置の現状と課題―非核（兵器）地帯の変容を通して―」河内信幸編『グローバス・クライシス―世界化する社会的危機』風媒社、2011年。
・福島崇宏「核兵器の非人道性と地域的軍縮措置―ミドルパワーの政策決定過程を通して」『名古屋外国語大学外国語学部紀要』第47巻、2014年8月。
・藤田久一『軍縮の国際法』日本評論社、1985年。
・藤田久一、浅田正彦編『軍縮条約・資料集〔第三版〕』有信堂高文社、2009年。
・藤田久一『核に立ち向かう国際法』法律文化社、2011年。
・藤田久一、松井芳郎、坂元茂樹編『人権法と人道法の新世紀―竹本正幸先生追悼記念論文集』東信堂、2001年。
・村井友秀、真山全編『安全保障学のフロンティア　21世紀の国際関係と公共政策 I』明石書店、2007年。
・村瀬信也、真山全編『武力紛争の国際法』東信堂、2004年。
・村田晃嗣、君塚直隆、石川卓、来栖薫子、秋山信将『国際政治学をつかむ【新版】』有斐閣、2015年。
・八木勇『キューバ核ミサイル危機1962』新日本出版社、1995年。
・山田浩『現代アメリカの軍事戦略と日本』法律文化社、2002年。
・山本草二『国際法』【新版】、有斐閣、1994年。
・吉田文彦（編）＋朝日新聞特別取材班『核を追う―テロと闇市場に揺れる世界』朝日新聞社、2005年。
・吉田文彦『核のアメリカ―トルーマンからオバマまで』岩波書店、2009年。

・Baugh, William H., *United States Foreign Policy-Making: Process, Problems, and Prospects for the Twenty-First Century*, Harcourt Brace & Company, 1999.
・D.W. Albright, *Threats to U.S. Security in a Postcontainment World*, Center for Aerospace, Cadre Paper, April 1992.
・Epstein, William, "The Making of the treaty of Tlatelolco", *Journal of the History of International Law 3*, 2001.
・Goldblat, Josef "Nuclear-Weapon-Free Zones: A History and Assessment", *The Nonproliferation Review*, Monterey Institute of International Studies, Vol. 4, No. 3, Spring-Summer 1997.
・Hansen, Keith A., *The Comprehensive Nuclear Test Ban Treaty: An Insider's Perspective*, Stanford University Press, Stanford, California, 2006.
・Joyner, Daniel H., *International Law and the Prohibition of Weapons of Mass Destruction*, Oxford U.P., 2009

- Lauren, Paul Gordon, Craig, Gordon Alexander, George, Alexander L., *Force and Statecraft: Diplomatic Challenges of Our Time* (Forth Edition), Oxford University Press, 2007.
- Robinson, Davis R. "The Treaty of Tlatelolco and the United States: A Latin American Nuclear Free Zone", *The American Journal of International Law*, Vol. 64, No.2, April 1970.
- Robles, Alfonso García, Translated by Marjorie Urquidi, *The Denuclearization of Latin America*, Carnegie Endowment for International Peace, 1967.
- Sarrano, Mónica, *Common Security in Latin America - The 1967 Treaty of Tlatelolco*, Institute of Latin American Studies University of London, 1992.
- Sotomayor, Arturo C., "BRAZIL AND MEXICO IN THE NONPROLIFERATION REGIME - Common Structures and Divergent Trajectories in Latin America", *The Nonproliferation Review*, Vol.20, No.1.
- Thakur, Ramesh ed., *Nuclear Weapons-Free Zones*, St. Martin's Press, Inc., 1998.
- Libermam, Peter, "The Rise and Fall of the South African Bomb", *International Security*, Vol. 26, No. 2, Fall 2001.
- Ungerer, Caul and Hanson, Marianne ed., *The Politics of Nuclear Nonproliferation*, Allen & Unwin in association with the Department of International Relations Research School of Pacific and Asian Studies Australian National University, Canberra, ACT, 2001.
- Weiner, Sharon K., "Preventing Nuclear Entrepreneurship in Russia's Nuclear Cites", *International Security*, Vol.27, No.2, Fall 2002.

【資料】
- OPANALホームページ
   <http://www.opanal.org/>
- COPREDAL 議事録
   <http://www.opanal.org/copredal-documentos/>
- トラテロルコ条約の締結交渉に関する米国公文書（1967年2月18日付　米国国務省）
   ※博士学位論文233～252頁を参照。

福島 崇宏（ふくしま たかひろ）
1976年、愛媛県生まれ。中部大学非常勤講師。姫路獨協大学法学部卒業、同大学院法学研究科修士課程修了、中部大学大学院国際人間学研究科博士後期課程修了。博士（国際関係学）。名古屋外国語大学、愛知学院大学、愛知教育大学などで非常勤講師を兼任。
専攻：国際法学、国際関係論。
著書：河内信幸編（共著）『グローバル・クライシス―世界化する社会的危機』風媒社、2011年。家正治、岩本誠吾、桐山孝信、戸田五郎、西村智朗、福島崇宏『国際関係〔全訂版〕』世界思想社、2014年。

中部大学ブックシリーズ　Acta 28

非核地帯
核世界に対峙するリアリズム

2017年3月31日　第1刷発行

定　価　（本体800円＋税）

著　者　福島　崇宏

発行所　中部大学
〒487-8501　愛知県春日井市松本町1200
電　話　0568-51-1111
ＦＡＸ　0568-51-1141

発　売　風媒社
〒460-0011 名古屋市中区大須1-16-29
電　話　052-218-7808
ＦＡＸ　052-218-7709

ISBN978-4-8331-4130-7